Familienforschung
Ahnentafel · Wappenkunde

Peter Bahn

Familienforschung
Ahnentafel · Wappenkunde

Wege zur eigenen Familienchronik

Das Kapitel »Heraldik« entstand unter Mitarbeit von Frieder Boss, Archivoberinspektor am Hessischen Staatsarchiv Darmstadt.

Für die praktische Familiengeschichtsforschung und die Darstellung der Ergebnisse werden oft mehr oder minder kunstvoll gestaltete Vordrucke verwendet. Hier zwei Hinweise:

RNK-Vordruck Verlag
Kreuzstr. 67
38118 Braunschweig

Starke Verlag
Postfach 13 10
65533 Limburg

ISBN 3 8068 0744 2

© 1994 by Falken-Verlag GmbH, 65527 Niedernhausen/Ts.
Die Verwertung der Texte und Bilder, auch auszugsweise, ist ohne Zustimmung des Verlags urheberrechtswidrig und strafbar. Dies gilt auch für Vervielfältigungen, Übersetzungen, Mikroverfilmung und für die Verarbeitung mit elektronischen Systemen.
Titelbild: Umschlagfoto mit freundlicher Genehmigung von Herrn Haßmann, Nürtingen und Firma Pro Heraldica, Deutsche Forschungsgesellschaft für Heraldik und Genealogie mbH, Julius-Hölder-Straße 48, 70597 Stuttgart.
Bildquellenverzeichnis:
Archiv für Kunst und Geschichte, Berlin: 59, 60, 1. Farbt.; Archiv Gerstenberg, Wietze: 42, 93; Bildarchiv Preußischer Kulturbesitz, Berlin: 19, 21, 26, 90; Callwey Verlag, München: 88, 102, 104, 106, 7. und 8. Farbt.; Verlag Degener & Co., Neustadt/ Aisch: aus: W. Ribbe, E. Henning: Taschenbuch für Familiengeschichtsforschung, 9. Auflage, 1980: 14, 112, 114; Hessisches Hauptstaatsarchiv, Wiesbaden: Bibl. II, 52, 56, 171, V 515: 69; 360 Weinbach/30: 67, Historia-Photo, Hamburg: 7, 10, 27, 46, 62, 71; Katholische Bibelanstalt, Stuttgart, 1980 aus: Einheitsübersetzung der Heiligen Schrift: 23; Kulturgeschichtliches Archiv Claus u. Lieselotte Hansmann, Stockdorf: 2. Farbt. (oben u. 1. u.), 3. Farbt.; Nordrhein-Westfälisches Personenstandsarchiv Rheinland, Brühl: 44, 49, 51; Heinz Reise Verlag, Göttingen: 74; RNK-Vordruck Verlag, Braunschweig: 39, 86, 4. und 5. Farbt.; Stadtarchiv Frankfurt: 65; Stadtarchiv Wiesbaden: 68; Studio Intrakilt, Immenstadt/Bodensee: 86; Prof. Dr. I. Weber-Kellermann, Marburg: 28; Westdeutsche Gesellschaft für Familienkunde e.V., Köln: 31, 61.
Die Ratschläge in diesem Buch sind vom Autor und vom Verlag sorgfältig erwogen und geprüft, dennoch kann eine Garantie nicht übernommen werden. Eine Haftung des Autors bzw. des Verlags und seiner Beauftragten für Personen-, Sach- und Vermögensschäden ist ausgeschlossen.
Satz: Main-Taunus-Satz GmbH, Eschborn/Ts.
Druck: Wiesbadener Graphische Betriebe GmbH, Wiesbaden

Inhalt

Die eigene Herkunft – verlockendes Forschungsgebiet

Nicht nur Bäume haben Wurzeln	7
Der Freizeitwert der Familienforschung	9
Geschichte »von unten«	11
Familienforschung als freiberufliche Tätigkeit	12

Einführung in die Genealogie

Genealogie und Familienforschung	16
Private Familienforschung	16
Genealogie als historische Hilfswissenschaft	18
Geschichte der Genealogie	22
Organisationsformen der Genealogie heute	30

Praxis der Familienforschung

Die Ausgangslage	35
Die Vorbereitung der Forschungsarbeit	36
Die ersten Forschungsquellen	41
Die standesamtlichen Unterlagen	41
Kirchenbücher	45
Adreßbücher, Lokalzeitungen, Einwohnermelderegister	55
Dingliche Quellen	58
Der »tote Punkt« – Herausforderung für den Familienforscher	63
Familienforschung für Fortgeschrittene	64
Archivalien	64
Genealogische Literatur und ihre Erschließung	72
Der Austausch mit anderen Forschern	75
Hilfestellung durch genealogische Vereine	76
Einschaltung eines Berufsgenealogen	77
Was kann die Computergenealogie leisten?	78

Auswertung und Darstellung des Materials

Vom Sammeln zum Ordnen	79
Die Stammlinie oder Stammreihe	81
Die Ahnenliste	82
Die Ahnentafel	84
Stammliste, Mutterstamm, Stammtafel *(Stammbaum)*	87
Die Familienchronik	91

Heraldik

Was ist die Heraldik?	95
Entwicklung der Heraldik	97
Terminologie und Regeln der Heraldik	99
Hausmarken und andere verwandte Zeichen	101
Moderne Wappenführung	103
Der Weg zum eigenen Familienwappen	104

Andere historische Hilfswissenschaften

Namenkunde	109
Zeitrechnungskunde *(Chronologie)*	111
Schriftkunde *(Paläographie)*	113
Sphragistik, historische Metrologie, Vexillologie, Diplomatik, historische Kartographie	114

Literaturverzeichnis

Allgemeine Nachschlagewerke, Handbücher, Bibliographien und Grundlagenschriften zur Familienforschung	117
Literatur zur familienkundlichen Praxis	117
Literatur zur Heraldik und anderen Hilfswissenschaften	118

Anschriftenverzeichnis

Genealogische Vereine und Institutionen Bundesrepublik Deutschland	119
Vereine und Institutionen mit überregionalem Wirkungsbereich nach ihrem Sitz	119
Vereine und Institutionen mit regional begrenztem Wirkungsbereich nach ihrem Sitz	120
Vereinigungen der Vertriebenen- und Flüchtlingsgenealogie	123
Sonstige für Familienforscher relevante Vereinigungen und Einrichtungen	123
Ausland	124
Zeitschriften	125
Wichtige Archive in der Bundesrepublik Deutschland, Luxemburg, Österreich, Polen, der Schweiz und den USA	125

Die eigene Herkunft – verlockendes Forschungsgebiet

Nicht nur Bäume haben Wurzeln

*icht nur Bäume haben Wurzeln* – so lautete der Titel eines 1982 erschienenen Buches, geschrieben von zwei jüngeren Leuten der Nachkriegsgeneration, Protestlern von 1968. Kritisch unterzogen sie die Ansprüche und Wünsche, die sie und viele andere in den Jahren davor gehabt hatten, einer eingehenden Prüfung. Und siehe da: alte, scheinbar vergessene Werte wie Heimat und Tradition erschienen plötzlich wieder in positivem Licht. Das Buch ist typisch für die seit einigen Jahren festzustellende neue Hinwendung zu den »Wurzeln«, den »roots« menschlichen Daseins, wie sie u.a. auch in dem Erfolg der gleichnamigen Fernsehserie nach dem Roman des Amerikaners Alex Haley deutlich wurde. Der Mensch kann als isoliertes, bindungsloses Einzelwesen auf die Dauer nicht glücklich sein. Er braucht den positiven Bezug zu einem Ort, zu einer Gruppe und zu seiner Vergangenheit. All das gibt ihm etwas ganz Wichtiges: Identität.

Von der Suche nach den Wurzeln hat auch eine Beschäftigung profitieren können, die in den ersten Jahrzehnten nach dem Zweiten Weltkrieg eher Gegenstand bedauernden Lächelns, wenn nicht gar mahnend erhobener Zeigefinger war: *die Familienforschung* (etwas antiquiert auch als »Ahnen-

Stammbaum aus dem 16. Jahrhundert, in dem die große Bedeutung der »Sippschaft« hervorgehoben wird. (Holzschnitt)

forschung«, wissenschaftlich-anspruchsvoll als »Genealogie« bezeichnet). Das seinerzeitige negative Image der Familienforschung hatte recht vielfältige Gründe. Einer von ihnen war sicherlich der Mißbrauch familiengeschichtlicher Daten durch die Rassengesetzgebung des NS-Systems (»Ariernachweis« und dergleichen) und die Überstrapazierung von Begriffen wie »Sippe, »Erbe«, »Ahnen« usw. in der nationalsozialistischen Propaganda. Hinzu kam der »Zeitgeist«, der bis in die siebziger Jahre hinein vorherrschend war: da hieß es »aufbauen«, »vorwärtsstreben« und »in die Zukunft blicken«; die Beschäftigung mit der Vergangenheit erschien als unnütz, und der heute so begehrte, auf Flohmärkten und in Antiquitätengeschäften zu hohen Preisen gehandelte »alte Plunder« wurde, soweit der Krieg ihn überhaupt noch übriggelassen hatte, massenhaft weggeworfen, verschrottet und verramscht. Die Beschäftigung mit den Vorfahren und der Familiengeschichte mußte aus dieser Perspektive als Steckenpferd zurückgebliebener, altmodischer Spinner erscheinen.

Mancher Familienforscher hat zu dem schlechten Bild in der Öffentlichkeit sicherlich auch selbst beigetragen: wer von Eitelkeit getrieben, sich bei seiner Forschung vornehmlich zum Ziel setzte, auf »adelige Ahnen« oder verwandtschaftliche Beziehungen zu irgendwelchen »großen Persönlichkeiten« zu stoßen und nach einem glücklichen Treffer dann damit herumprahlte, stieß seine Mitmenschen verständlicherweise vor den Kopf. Leider sind diese Spezies von Familienforschern auch heute noch nicht ganz ausgestorben.

Doch insgesamt hat sich einiges an Einstellungen gewandelt: das Interesse an Geschichte und Tradition ist gewachsen, und die sogenannte Nostalgiewelle ist nur die modisch-dekorative Spitze eines Eisbergs, unter der sich sehr viel ernsthaftes Bemühen um historisches Verständnis verbirgt. Und da Geschichte nicht nur Geschichte von Kaisern, Königen und ihren Reichen, sondern auch von kleineren Territorien, von Städten und Dörfern, von Berufsständen und schließlich von Familien ist, kann die Familienforschung seit einigen Jahren verstärkten Zulauf verzeichnen.

So steigen die Mitgliederzahlen vieler genealogischer Vereinigungen, und es sind bei weitem nicht nur ältere Herrschaften, die sich dort zusammenfinden, sondern in überdurchschnittlichem Maße Angehörige der jüngeren und mittleren Generation. Verschiedene Volkshochschulen bieten mittlerweile Kurse zur Einführung in die Familienforschung an, in Heimatzeitschriften, -kalendern und -jahrbüchern häufen sich familiengeschichtliche Artikel. Im Grenzbereich zwischen Volkskunde, Soziologie und Geschichtswissenschaft hat sich die Teildisziplin der *historischen Demographie* angesiedelt, die sich familiengeschichtlicher Quellen bedient und entsprechendes Material für Aussagen der jeweiligen Wissenschaften aufbereitet. In jedem besseren Andenkenladen oder Geschenkartikelgeschäft schließlich sind mittlerweile Vordrucke für »Stammbäume« (in allen Größen) und »Ahnenpässe« zu haben – originelle Präsente, die es dann aber auch mit Inhalt zu füllen gilt.

Der Freizeitwert der Familienforschung

Das Sammeln gehört zu den beliebtesten Freizeitbeschäftigungen, denen in unserer Gesellschaft nachgegangen wird. Was kann nicht alles Sammelgegenstand sein: Briefmarken, Münzen, Tabakspfeifen, Bücher, ausgestopfte Tiere, Blechspielzeug, Puppen, Porzellan usw. – der Phantasie sind praktisch keine Grenzen gesetzt.

Auch der Familienforscher ist ein Sammler, und zwar gleich in doppelter Hinsicht: zum einen »sammelt« er Vorfahren, d.h., er wird in der Regel bestrebt sein, so viele von ihnen wie möglich namentlich zu erfassen. Zum andern – denn das erste Sammelgebiet allein wäre zu abstrakt und trocken – sammelt er zu jedem dieser Vorfahren so viele Daten wie möglich: vom Geburts-, Heirats- und Sterbedatum, über die Zahl der Kinder bis hin zum beruflichen Werdegang, innegehabten Ämtern und dergleichen.

Sammeln schafft Befriedigung. Der Briefmarkensammler freut sich über jede neue Marke, die er in sein Album stecken kann. Der Bücherliebhaber stöbert mit schneller schlagendem Puls eine seltene Erstausgabe im Antiquariat auf. Genauso geht es dem Familienforscher, dem es gelingt, einen weiteren, vielleicht jahrelang gesuchten Vorfahren zu entdecken oder Neues über einen schon bekannten Vorfahren herauszubekommen. Es liegt Spannung im Suchen, Stöbern, Forschen, Sammeln und Einordnen – eine Spannung, die zugleich entspannend wirkt, die es ermöglicht, von Alltagssorgen und -streß abzuschalten. Man taucht ein in eine andere Welt, man reist, gleichsam wie mit einer Zeitmaschine, in die Vergangenheit. Das Leben früherer Generationen beginnt sich zu eröffnen, liegt vor dem Forscher wie ein Buch.

Familienforschung kann noch mehr als viele andere Hobbys zur Leidenschaft werden. Das mag daran liegen, daß man im Grunde nie damit aufhören kann. Wer die Erstausgaben eines bestimmten Autors oder eines bestimmten Verlages sammelt, hat unter Umständen gute Chancen, seine Sammlung eines Tages komplett zu haben. Ebenso geht es dem Briefmarkensammler, soweit er sich auf ein bestimmtes, bereits abgeschlossenes Gebiet spezialisiert hat, dem Notgeld-Sammler (dessen Sammelmenge, da kein neues Notgeld mehr hergestellt wird, ebenfalls endlich ist) und vielen anderen. Bei der Familienforschung ist die Sammelmenge dagegen in jeder Hinsicht unendlich. Selbst wer alle Vorfahren bis zur 10. Ahnenreihe (das sind die Ur-Ur-Ur-Ur-Ur-Ur-Ur-Urgroßeltern, also achtmal »Ur«) vollständig erfaßt hat – es dürfte kaum einen Familienforscher geben, der das wirklich schaffte –, kann weitergehen: selbst der älteste erfaßte Vorfahre hat ja wiederum zwei Eltern, vier Großeltern, acht Urgroßeltern usw. Darüber hinaus ist der Lebenslauf eines jeden Vorfahren eine so faktenreiche Angelegenheit, daß allein die annähernd lückenlose Rekonstruktion eines einzigen dieser Lebensläufe Jahre an Arbeit und die Erfassung einiger Tausend Einzeldaten erfordern würde.

So bleiben in der Familienforschung immer offene Punkte zurück, und immer aufs neue stellt sich die Frage: wer war davor? Ein solches Hobby kann man deshalb ein Leben lang betreiben, ohne Langeweile zu empfinden: es gibt stets etwas Neues, bisher Unbekanntes, Geheimnisvolles zu entdecken und zu erforschen. Die Entspannung und die Freude, die dieses Hobby für den Einzelnen bringt, können sich auch gut auf die

Das Ehepaar Barbara und Adam Stratzmann mit seinen 38 »ehelichen« Söhnen und 15 Töchtern (2. Hälfte des 15. Jahrhunderts, Kupferstich).
Großer Kinderreichtum war früher etwas Selbstverständliches: nicht selten stößt man bei seinen genealogischen Untersuchungen auf Vorfahren mit erstaunlich vielen Kindern.

Mitmenschen übertragen. Warum zum Beispiel soll man dem Schwager zur Hochzeit nicht statt des üblichen Küchenmixers oder der Kaffeemaschine einen kunstvoll gezeichneten Stammbaum als dekorativen Wandschmuck oder eine gut recherchierte Ahnenliste bzw. Familienchronik zum abendlichen Schmökern schenken? Auch manches Familientreffen wird bereichert werden, wenn Sie dabei mit den neuesten Ergebnissen Ihrer Forschung aufwarten können. Dazu müssen Sie nicht gleich auf die Abkunft von Graf Soundso oder die Verwandtschaftsbeziehung zehnten Grades zu Beethoven stoßen. Die überraschend festgestellte Herkunft der Familie aus einer weit entfernten Gegend, das seltene Gewerbe, das dieser oder jener Vorfahre einst ausübte, oder die 17 Kinder, die der Ururgroßvater hatte, werden für alle Familienmitglieder Gesprächsstoff genug liefern.

Geschichte »von unten«

Mancher erinnert sich nur mit Grausen des schulischen Geschichtsunterrichtes: Herrschernamen, Jahreszahlen, Schlachtendaten in kaum endender Folge wurden eingepaukt. »333 – bei Issos Keilerei«, das konnte man sich vielleicht noch merken. Wirklich interessiert hat es nur wenige. Wie die Menschen früher lebten, liebten, arbeiteten – das blieb aus einem Unterricht, der vor allem von den staatlich-politischen Geschehnissen und Veränderungen ausging, weitgehend ausgeblendet. Die Notwendigkeit einer solchen Staatengeschichte bzw. politischen Geschichte soll absolut nicht bestritten werden. Doch geschah in der Vergangenheit weitaus mehr, als es aus diesem Blickwinkel ersichtlich ist. Sicherlich wirkten die jeweiligen politischen Ereignisse wie Kriege, Revolutionen, Wechsel der herrschenden Dynastien usw. in starkem Maße auf die Menschen und ihr Leben ein. Aber dies geschah auch umgekehrt: die Lebensverhältnisse der Menschen beeinflußten auch das »große« politische Geschehen. Von diesem Wechselprozeß zwischen oben und unten hat die traditionelle Geschichtswissenschaft lange ein zu einseitiges Bild vermittelt.

Mit dem Ziel, Geschichte auch aus einem anderen als dem herkömmlichen Blickwinkel aufzuarbeiten, haben sich in den letzten Jahren zahlreiche Initiativen von Geschichtswissenschaftlern und Hobbyhistorikern gebildet, die eine Geschichte »von unten« betreiben wollen. Sogenannte »Geschichtswerkstätten« und sozialgeschichtliche Vereine entstanden, der neue Trend hat aber auch an den Hochschulen zunehmende Beachtung gefunden. »Unten« bedeutet in diesem Zusammenhang zweierlei: einerseits will man die Arbeits- und Lebensbedingungen der unteren Schichten (der Handwerker, Bauern, Dienstboten usw., kurzum: des »gemeinen Volkes«) aufarbeiten, die allzu lange durch die Fixierung auf das Leben der Großen und Mächtigen vernachlässigt worden waren. Andererseits soll die Geschichte kleinerer Einheiten erforscht werden: des Dorfes oder Stadtteils, in dem man lebt, dieser oder jener Fabrik und der dort Beschäftigten usw. »Grabe, wo Du stehst«, so heißt die Devise der heutigen Geschichtsforscher »von unten«.

Familienforschung kann in dieser Hinsicht wichtige Beiträge leisten. Man weiß, daß 1813 die Völkerschlacht bei Leipzig war – aber welche konkreten Auswirkungen hatte dieses abstrakte Datum auf die Familie des Korporals Müller oder des Grenadiers Lehmann? Man weiß, daß 1835 die erste Eisenbahn in Deutschland fuhr. Aber welche Bedeutung hatte die Einrichtung der neuen Eisenbahnverbindungen auf das Leben des Fuhrmanns Meyer und seiner Angehörigen? Man weiß, daß 1848/49 in Deutschland eine glücklose Revolution stattfand. Aber welche Gründe trieben den Leineweber Schulze dazu, sich mit seinem Sohn den Revolutionären anzuschließen?

Durch das Verfolgen von Einzel- und Familienschicksalen werden die Jahreszahlen und historischen Ereignisse in ihrer Bedeutung *für die damalige* Zeit (ihre Nachwirkungen bis heute kennen wir selbst) konkret erfaßbar, läßt sich ermessen, in welcher Wechselwirkung »große« und »kleine« Geschichte, »oben« und »unten« zueinander stehen. Hier kann ernsthaft und unter sozialgeschichtlichen Gesichtspunkten betriebene Familienforschung wichtige Aufschlüsse bieten und Datenmaterial liefern, das der traditionellen Geschichtswissenschaft bisher oft weitgehend verschlossen war.

Familienforschung als freiberufliche Tätigkeit

Umbrüche auf dem Arbeitsmarkt, aber auch der Wunsch, relativ frei von Einmischungen anderer seine Arbeit gestalten zu können, lassen immer wieder Menschen den Sprung in die berufliche Selbständigkeit wagen. Auch auf dem Gebiet der Familienforschung läßt sich Geld verdienen, und es gibt die Möglichkeit, sich mit genealogischer Forschung eine Existenz aufzubauen.

Doch ist Vorsicht geboten: die Zahl der Berufsgenealogen ist nicht sehr groß. Das ist verständlich: so wie der Briefmarkensammler kaum jemand anders mit dem Einkaufen und Einordnen neuer Marken beauftragen wird, sondern sich normalerweise selbst darum kümmert, so wollen auch die meisten Hobby-Familienforscher ihre Recherchen selbst betreiben. Es handelt sich schließlich um Freizeitbeschäftigungen, um Aktivitäten zur eigenen Entspannung und Freude. Sein Hobby will man selbst betreiben und es nicht – obendrein noch gegen Bezahlung – stellvertretend von jemand anderem betreiben lassen.

Dennoch gibt es eine Reihe von Sonderfällen, in denen auch der Hobbyforscher einen Berufsgenealogen mit gewissen Aufgaben betrauen und ihn dafür bezahlen wird. Wir werden an anderer Stelle noch davon zu sprechen haben. Wie aber wird man Berufsgenealoge, und wie sehen die Möglichkeiten aus, auf diesem Gebiet seinen Lebensunterhalt (oder zumindest einen Teil davon) zu verdienen?

Es gibt keine Berufsausbildung für Genealogen, keine Gesellen- oder Meisterprüfung und auch keine Fachschulen. Genealoge kann praktisch jeder werden, ganz gleich, ob er »nur« den Hauptschulabschluß oder einen akademischen Grad vorzuweisen hat. Dennoch müssen gewisse Voraussetzungen gegeben sein. Diese liegen entweder in einer mehrjährigen und intensiven Hobbytätigkeit als Familienforscher und entsprechenden, daraus gewonnenen Erfahrungen oder in einer beruflichen bzw. akademischen Ausbildung auf einem Gebiet, das von der Genealogie nicht allzu weit entfernt ist. So wird z.B. derjenige, der Geschichte oder Volkskunde studiert hat und von daher bereits mit Archivforschungen vertraut ist, sicherlich bessere Voraussetzungen mitbringen als der Diplom-Chemiker oder der Elektroingenieur. Wer – auch ohne Hochschulausbildung – im Bereich eines öffentlichen oder eines Firmenarchives gearbeitet hat, bringt ebenfalls gute Vorkenntnisse mit, um haupt- oder nebenberuflich als Genealoge tätig zu sein.

Für die meisten Interessierten kommt infolge der nicht allzu rosigen Auftragslage sowieso nur eine nebenberufliche Erwerbstätigkeit auf genealogischem Gebiet in Frage. Auch sind die Kosten relativ hoch (Reisen, Archivgebühren, Telefon, Porto, Büromaterial, Kopien usw.), so daß die Gewinnspanne beschränkt bleibt: man kann dem Auftraggeber nicht jeden Preis abverlangen.

Wer von sich glaubt, das Zeug zum Berufsgenealogen zu haben, sollte rechtliche Schwierigkeiten von vornherein vermeiden und sich bei Aufnahme seiner Tätigkeit beim zuständigen Gewerbeamt anmelden. Dies gilt natürlich nicht für sporadische Honorararbeiten, die neben dem eigentlichen Beruf verrichtet werden. Die Einnahmen – egal, ob haupt- oder nebenberuflich erzielt – müssen bei der Einkommensteuererklärung bzw. dem Lohnsteuerjahresausgleich mit angegeben werden. Kunden findet man über Anzeigen in Zeitungen und Zeitschriften, vor allem natürlich in den verschiedenen familiengeschichtlichen Fachblättern. Wer gut ist, wird sich unter Umständen schnell einen Namen machen und weiterempfohlen wer-

13

VERLOCKENDES FORSCHUNGSGEBIET

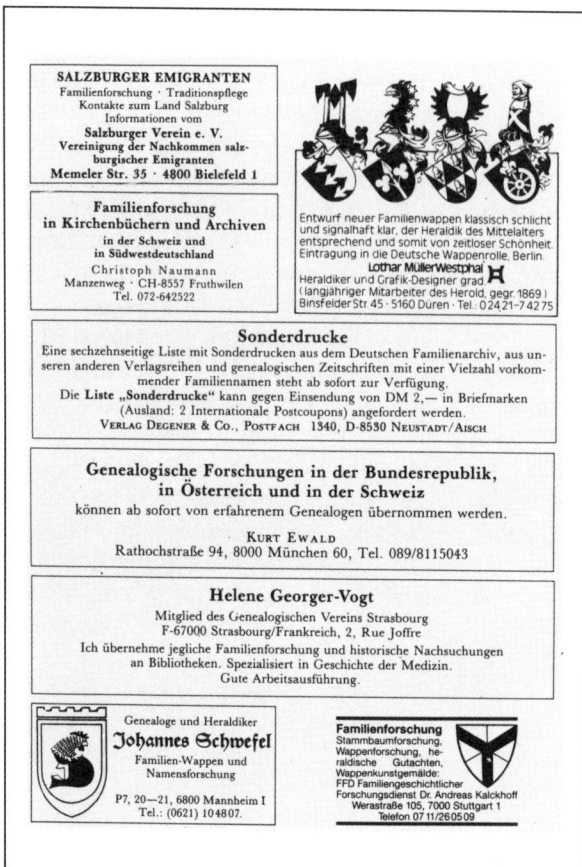

Familiengeschichtliche Forschung kann man auch als Berufsgenealoge betreiben. Die zahlreichen Fachblätter bringen immer wieder entsprechende Anzeigen.

den. Wer sich, zumindest am Anfang, auf Forschungen in einer bestimmten Region beschränkt und sich dort wirklich zum anerkannten Fachmann entwickelt, hat bessere Chancen und zugleich ein einfacheres und übersichtlicheres Arbeiten als derjenige, der heute in Oberschwaben, morgen in Holstein und übermorgen in den ehemaligen Ostgebieten Archive besuchen muß. Nützlich ist es schließlich, Verbindungen in der genealogischen Fachwelt zu knüpfen, mit eigenen Beiträgen in den Fachzeitschriften vertreten zu sein und das eigene Wissen wie auch die Forschungsmethodik ständig zu erweitern bzw. zu verbessern.

Über die Bezahlung lassen sich keine festen Angaben machen. Sie hängt ganz davon ab, welchen Umfang und welche Art der entsprechende Auftrag hat und wieviel der jeweilige Kunde zu investieren bereit ist. Vor überzogenen Erwartungen kann man nur warnen! Für die Erstellung einer Familienchronik in Buchform wird man einen Festpreis vereinbaren können. Bei Forschungen, die die Aufklärung verschiedener Fragen zu einer Ahnenliste zum Gegenstand haben, empfiehlt es sich, den Auftrag in einzelne Abschnitte zu zerlegen und dafür jeweils gesondert ein Honorar zu vereinbaren.

Gerade für arbeitslose Historiker bieten sich Möglichkeiten, über die reine Familienforschung hinaus weitere Aufträge zu bearbeiten: die Erstellung von Firmenchroniken, Vereins- und Verbandsfestschriften usw. Insbesondere Familien- und Firmengeschichtsforschung lassen sich oft kombinieren. Doch wie bei allen anderen freiberuflichen Tätigkeiten hängt auch hier der Erfolg von der eigenen Kreativität und Einsatzbereitschaft ab – auf Rosen gebettet ist man mit diesem Tätigkeitsbereich meist nicht.

Einführung in die Genealogie

Genealogie und Familienforschung

Der Begriff »Genealogie« leitet sich aus dem Lateinischen und aus dem Altgriechischen ab. Auf Deutsch bedeutet »genus« soviel wie »Geschlecht« oder »Abstammung«, während sich das altgriechische Wort »logos« mit »Kunde« oder »Lehre« übersetzen läßt. Genealogie ist also Geschlechterkunde oder Abstammungskunde und beschäftigt sich mit Ursprung und Schicksal von Familien, ihren Vorfahren und ihren Nachkommen.

Neben das Wort »Genealogie« sind im Laufe der Zeit zahlreiche andere Begriffe getreten. Vor allem während der NS-Zeit stand das heute anrüchig gewordene Wort »Sippenkunde« im Vordergrund. Den Begriff der »Ahnenforschung« wendet man auf die Tätigkeit des genealogischen Suchens und Sammelns an, er hat mittlerweile allerdings einen etwas altmodischen Klang. Da unter »Genealogie« auch die tiefgehende, wissenschaftliche Erforschung von familiengeschichtlichen Zusammenhängen und ihren soziologischen, biologischen und historischen Hintergründen verstanden wird, paßt auf die Suchtätigkeit des Laien am ehesten der weniger anspruchsvolle (und zugleich verständlichere) Begriff »Familienforschung«.

Genealogie geht strenggenommen über die laienhafte *Familienforschung* weit hinaus, zumal sie sich als Wissenschaft nicht vom privaten Interesse einer Erforschung der jeweils eigenen Familie, sondern von anderen, übergeordneten Zusammenhängen leiten läßt. Ein ernsthafter Familienforscher wird jedoch wahrscheinlich irgendwann den Punkt erreichen, an dem seine Tätigkeit über das private »Vorfahrensammeln« hinausgeht und wissenschaftlich-genealogischen Charakter anzunehmen beginnt.

Private Familienforschung

Bereits in der Einleitung ist auf einen wichtigen privaten Zweck eingegangen worden: den der Entspannung und Unterhaltung. Die meisten Anfänger werden ihre Familienforschung zunächst als unterhaltsames Hobby betreiben, angespornt durch Neugier und Sammelleidenschaft. Der Freizeitwert dieses Hobbys ist unbestreitbar.

Darüber hinaus kann intensiv betriebene Familienforschung aber durchaus noch andere Zwecke haben: so unbestreitbar wie ihr *Freizeitwert* ist auch ihr *Bildungswert*. Gerade in einer Zeit, in der ein immer schneller werdender technischer Fortschritt rasche gesellschaftliche und kulturelle Veränderungen hervorruft, kommt der Bewahrung von Traditionen und der Aufhellung historischer Bezüge eine große Bedeutung zu. Die Familienforschung kann in starkem Maße dazu beitragen, indem sie Bewußtsein über die Herkunft des einzelnen und seine Eingebundenheit in die Kette der Vor- und Nachfahren schafft. Sie vermittelt Einsichten in historische Umstände und Entwicklungen, die um so plastischer wirken, als sie sich nicht in Form abstrakter Geschichtsdaten darbieten, sondern als Einzel- und Familienschicksale mit all ihren Höhen und Tiefen. Das macht es möglich, das Handeln vergangener Generationen, ihre Lebensumstände und ihre Denkweisen besser zu verstehen, wodurch historischen Pauschalurteilen vorgebeugt wird.

Durch die Einordnung der Vorfahrenkette in landsmannschaftliche, soziale und religiöse Zusammenhänge sowie durch ihre Beziehung zu bestimmten Orten, vermittelt die Beschäftigung mit der Familiengeschichte auch ein bewußteres Verhältnis zur Tradition und zum jeweiligen Lebensraum. Sie hilft bei der Suche nach Identität (ohne, für sich allein genommen, solche schaffen zu können). Es ist ein Unterschied, ob man durch ein Dorf bzw. ein Stadtviertel geht, von dessen Vergangenheit man bestenfalls ein paar allgemeine Daten kennt, oder ob man weiß, daß in dieser Straße der Urgroßvater seine Schmiede hatte und in jener ein Zweig der Familie über fünf Generationen hinweg wohnte, arbeitete, heiratete, gebar und starb.

Zu den privaten Zwecken der Familienforschung gehört aber noch ein anderer, nur wenig bekannter, aber dennoch vielschichtiger Aspekt. In fast jeder Ausgabe des »Bundesanzeigers« und hin und wieder auch in manchen Tageszeitungen, kann man Bekanntmachungen eines ganz bestimmten Inhaltes finden: irgendwo ist eine Person verstorben, die zwar ein gewisses Vermögen, aber keine direkten Angehörigen (Ehepartner, Kinder, Eltern oder Geschwister) hinterlassen hat. Auch sind keine Geschwisterkinder (Neffen und Nichten) oder Kinder von Onkeln und Tanten (Cousins bzw. Cousinen) bekannt. In solchen Anzeigen wird dann oft darauf hingewiesen, daß deshalb die Nachkommen der Urgroßeltern (Cousins bzw. Cousinen zweiten Grades) erbberechtigt sind.

Der Urgroßvater eines heute verstorbenen Achtzigjährigen kann Anfang des 19. oder gar Ende des 18. Jahrhunderts geboren und schon 150 Jahre lang tot sein. Vielleicht kannte selbst der Erblasser nicht mehr den genauen Namen, oder es finden sich im Nachlaß keine Aufzeichnungen

17

mehr darüber. Jener Urgroßvater mag heute mehrere Dutzend noch lebender Nachkommen haben, die unter Umständen über die halbe Welt verstreut sind und sich untereinander zum größten Teil überhaupt nicht kennen. In einem solchen schwierigen erbrechtlichen Fall Zusammenhänge zu rekonstruieren, kann ein wichtiger Zweck familienkundlicher Nachforschungen werden – ein Zweck juristischer Natur. Teilweise sind die Nachlaßgerichte mit entsprechenden Ermittlungen betraut, doch helfen private Untersuchungen oft weiter und empfehlen sich vor allem dann, wenn man selbst in einer entsprechenden Angelegenheit betroffen ist.

Noch in einem anderen Zusammenhang kann der private Zweck der Familienforschung juristische Gründe haben. Wer als Geschäftsmann mit der Familientradition seines Betriebes wirbt (»Familie XY seit 300 Jahren im Weinbau tätig«, »Seit 250 Jahren Geschäfts- und Familientradition in Köln« usw.), muß sich unter Umständen darauf gefaßt machen, daß Konkurrenten diese Aussagen überprüfen lassen. Stellen sie sich als unwahr oder fehlerhaft heraus, kann die Konkurrenz auf Unterlassung klagen, bei wissentlich falschen Werbeaussagen auch wegen unlauteren Wettbewerbs.

So erfordert die Verwendung von familien- bzw. firmengeschichtlichen Bezügen in der Werbung genaueste Recherchen, um wirklich unangreifbare Aussagen machen zu können. Solche Recherchen können jedoch auch für das Unternehmen außerordentlich nützlich sein: die Nachprüfung von archivalischen Unterlagen, zunächst nur aus Gründen der juristischen Absicherung vorgenommen, fördert manchmal völlig neue Sachverhalte ans Tageslicht, die sich in hervorragender Weise werblich verwenden lassen. Das allgemeine Interesse an Historie, die »Nostalgiewelle« und der ständige Zwang zu möglichst origineller und phantasiereicher Werbung, vor allem im Bereich des Handels, deuten darauf hin, daß der Einsatz von familien- und firmengeschichtlichen Aussagen in der Werbung und Public-Relations-Arbeit der nächsten Jahre eher noch zunehmen wird. Gerade auf diesem Gebiet eröffnet sich ein weites Betätigungsfeld für haupt- und nebenberufliche Genealogen, arbeitslose Historiker usw.

Genealogie als historische Hilfswissenschaft

Wenn der Hobbyfamilienforscher auch meist nur an der Erforschung der jeweils eigenen Familiengeschichte und vielleicht noch an einzelnen Aspekten einer lokalen oder regionalen »Geschichte von unten« interessiert ist, so sollte er doch die Aufgaben der wissenschaftlichen

HISTORISCHE HILFSWISSENSCHAFT

Nichts Weibliches durfte an Rothschilds Stammbaum knospen

In seinem Testament schloß der Gründer der Dynastie, der Frankfurter Geldverleiher Mayer Amschel, seine Töchter von jeder Beteiligung an der Firma Rothschild aus

Die Erforschung einzelner Familien ist für die Geschichtsschreibung von großer Bedeutung. Wie weit spielten Heiratsstrategien, Kinderzahl und interne Erbregelungen für den wirtschaftlichen und politischen Aufstieg einer Familie eine Rolle?

Genealogie im Gesamtgefüge der Geschichtswissenschaft nicht übersehen. Genealogie ist mehr als ein Hobby, sie ist eine wichtige Teildisziplin der Geschichte mit Übergängen in das Feld der Soziologie. Sie liefert Fakten und Erkenntnisse, die das Bild des Historikers von der Vergangenheit erweitern und vertiefen. Auf die sozialgeschichtliche Bedeutung, die die Genealogie besonders bei Detailstudien von bestimmten Dörfern, Städten, Landschaften und auch Berufsgruppen hat, ist bei den Hinweisen auf die »Geschichte von unten« zum Teil schon eingegangen worden.

Aber auch die »etablierte« Geschichtswissenschaft an Universitäten und Forschungsinstituten kann und darf auf entsprechende Erkenntnisse nicht verzichten. Wenn man beispielsweise weiß, daß die Ursache für die Armut in manchen ländlichen Gegenden, für Hungersnöte, soziale Unruhen usw. unter anderem in der sogenannten Realteilung, d.h. der Aufteilung des bäuerlichen Besitzes unter mehrere Kinder, zu suchen ist, dann ist es notwendig weiter zu fragen, welche Kinderzahlen in diesen Gebieten in bestimmten Zeiten üblich waren und welche Auswirkungen das auf das Fortschreiten der Bodenzersplitterung hatte. Die Genealogie kann durch die Sichtung und Auswertung von Personenstandsunterlagen hierzu wichtige Ergebnisse liefern, die gewissermaßen als Rohmaterial der Geschichtsforschung zufließen und von dieser mit anderen Erkenntnissen zu komplexen Aussagen verbunden werden.

Neben diesem mehr allgemeinen sozialgeschichtlichen Bereich, ist aber auch die Erforschung bestimmter einzelner Familien von Bedeutung für die Geschichtswissenschaft. Wie ist z.B. der Aufstieg der Fugger, der Medici, der Rothschild usw. zu wirtschaftlicher oder politischer Macht zu erklären? Wieweit spielten Heiratsstrategien, Kinderzahl, interne Erbregelungen, etc. für den Aufstieg dieser Familien eine Rolle? Welchen Einfluß hatte das Heirats- und Zeugungsverhalten bestimmter Berufsgruppen und Stände einer Stadt auf ihren jeweiligen politischen Einfluß und ihre gesellschaftliche Bedeutung – und umgekehrt? Eine Geschichtsforschung, die sich nicht in der Aneinanderreihung von trockenen Jahreszahlen ergehen, sondern eine möglichst umfassende Deutung vergangener Epochen vornehmen will, muß sich solchen und ähnlichen Fragen stellen und zu ihrer Beantwortung die Ergebnisse der Genealogie heranziehen.

Mehr noch als bei den bürgerlichen Schichten spielten Verwandtschaftsverhältnisse und Heiratspolitik eine Rolle in der Geschichte der europäischen Herrscherdynastien. Rund 1000 Jahre lang wurde das politische Geschehen Europas in erster Linie durch die verschiedenen Fürsten- und Königshäuser bestimmt. Nicht wenige Kriege waren Erbfolgekriege, nicht wenige Territorien wechselten infolge von Heiraten ihren Besitzer, ihren rechtlichen Sta-

HISTORISCHE HILFSWISSENSCHAFT

Der Stammbaum des Hauses Hohenzollern. Kupferstich von Wilhelm Ziemetshaus aus dem Jahre 1637.
Das politische Geschehen Europas wurde rund 1000 Jahre von den verschiedenen Fürsten- und Königshäusern bestimmt, wobei Verwandtschaftsverhältnisse und Heiratspolitik eine entscheidende Rolle spielten.

tus und selbst ihre Konfession. Die Bretagne kam erst im 16. Jahrhundert durch die Heirat der bretonischen Herzogin Anne mit dem französischen König an Frankreich. Zu Beginn des 18. Jahrhunderts tobte der Spanische Erbfolgekrieg in weiten Teilen Europas. Napoleon setzte vornehmlich Verwandte, insbesondere seine Brüder, als Könige und Herzöge in den von ihm neu geschaffenen Territorien ein. In Spanien gibt es noch heute eine in einzelnen Landesteilen recht einflußreiche Partei, die »Carlisten«, die für die Inthronisierung eines anderen, aus einer alten Nebenlinie des derzeitigen Königshauses stammenden Monarchen eintritt.

Wenn Verwandtschaftsverhältnisse Einfluß auf die Geschichte hatten, so muß sich die Geschichtsforschung auch um Verwandtschaftsverhältnisse kümmern. Bei der Untersu-

21

chung der Zusammenhänge, die zwischen den europäischen Herrscherhäusern bestanden und bestehen, kann die Genealogie wichtige Dienste für die allgemeine Geschichte leisten, zumal sie über ein spezielles Instrumentarium für das Aufspüren, das Sammeln, das Ordnen, die Darstellung und die Interpretation entsprechender Zahlen und Fakten verfügt.

Geschichte erschöpft sich nicht in Genealogie, Genealogie kann eine umfassende und alle Bereiche der Vergangenheit erfassende historische Forschung nicht ersetzen. Aber eine ernsthaft betriebene Geschichtswissenschaft wird auf die Einbeziehung genealogischer Forschungsergebnisse nicht verzichten.

Geschichte der Genealogie

Genealogie ist nicht nur eine historische Hilfswissenschaft, sie hat auch eine eigene historische Entwicklung. Die Darstellung genealogischer Zusammenhänge ist Jahrtausende alt.

Schon in den frühen hebräischen Schriften wie den Büchern Moses finden sich Aufzählungen von Abstammungslinien. Aus verschiedenen Teilen der Bibel (1. Moses, Kapitel 10, Vers 1 und Vers 21 – 30, Kapitel 11, Vers 10 – 27 und Matthäus-Evangelium, Vers 1 – 16) läßt sich die Stammfolge von Adam über Noah, Abraham und König David bis zu Jesus zusammenstellen. Bildliche Darstellungen von Generationenfolgen finden sich bereits im alten Ägypten. Die Lobpreisungen griechischer Sänger auf siegreiche oder gefallene Helden vergaßen nie, den jeweiligen Stammvater zu erwähnen. Eine bedeutende Rolle spielte die Betonung der Abstammung auch im antiken Rom, wo die vornehmsten und mächtigsten Familien versuchten, ihre Vorfahrenreihe bis zu den Gründern der Stadt, Romulus und Remus, zurückzuführen und dabei nicht selten bewußte, wohldurchdachte Fälschungen begingen.

Auch die Germanen kannten bereits genealogische Überlieferungen, die uns in verschiedenen Liedern und Epen begegnen. Als sichere genealogisch-historische Quellen können diese Texte aber meistens noch nicht bezeichnet werden. Erst mit der um 550 entstandenen »Gotengeschichte« von Jordanus liegt über den germanischen Bereich eine Quelle vor, deren Aussagen einigermaßen als gesichert angesehen werden können.

Im Mittelalter gewann die Genealogie eine verstärkte Bedeutung dadurch, daß die verschiedenen Stände und Gesellschaftsschichten ihre Abstammung als Mittel einsetzten, um sich immer schärfer voneinan-

ENTWICKLUNG DER GENEALOGIE

Das Evangelium des Matthäus

DIE VORGESCHICHTE

Der Stammbaum Jesu

² Abraham war der Vater von Isaak,
Isaak von Jakob,
Jakob von Juda und seinen Brüdern.
³ Juda war der Vater von Perez und Serach; ihre Mutter war Tamar.
Perez war der Vater von Hezron,
Hezron von Aram,
⁴ Aram von Amminadab,
Amminadab von Nachschon,
Nachschon von Salmon,
⁵ Salmon war der Vater von Boas; dessen Mutter war Rahab.
Boas war der Vater von Obed; dessen Mutter war Rut.
Obed war der Vater von Isai,
⁶ Isai der Vater des Königs David.
David war der Vater von Salomo, dessen Mutter die Frau des Urija war.
⁷ Salomo war der Vater von Rehabeam,
Rehabeam von Abija,
Abija von Asa,
⁸ Asa von Joschafat,
Joschafat von Joram,
Joram von Usija.
⁹ Usija war der Vater von Jotam,
Jotam von Ahas,
Ahas von Hiskija,
¹⁰ Hiskija von Manasse,
Manasse von Amos,
Amos von Joschija.
¹¹ Joschija war der Vater von Jojachin und seinen Brüdern;
das war zur Zeit der Babylonischen Gefangenschaft.
¹² Nach der Babylonischen Gefangenschaft
war Jojachin der Vater von Schealtiël,
Schealtiël von Serubbabel,
¹³ Srubbabel von Abihud,
Abihud von Eljakim,
Eljakim von Azor.
¹⁴ Azor war der Vater von Zadok,
Zadok von Achim,
Achim von Eliud,
¹⁵ Eliud von Eleasar,
Eleasar von Mattan,
Mattan von Jakob.
¹⁶ Jakob war der Vater von Josef, dem Mann Marias;
   von ihr wurde Jesus geboren,
   der der Christus (der Messias) genannt wird.
¹⁷ Im ganzen sind es also von Abraham bis David vierzehn Generationen, von David bis zur Babylonischen Gefangenschaft vierzehn Generationen und von der Babylonischen Gefangenschaft bis zu Christus vierzehn Generationen.

Der Stammbaum umfaßt die gewaltige Zeitspanne von etwa 1050 bis 1250 Jahren. Er dient dem Nachweis, daß Jesus der Erbe der Verheißungen ist, die an Abraham und David ergingen.

der abzugrenzen. Für die Übernahme bestimmter geistlicher und weltlicher Ämter, die Teilnahme an Turnieren usw. wurde oft die sogenannte »Ahnenprobe« verlangt, bei der der Nachweis von freier oder gar adeliger Abstammung, zum Teil bis zurück zur sechsten Vorfahrengeneration, erbracht werden mußte. In frühen Rechtsdenkmälern wie dem »Sachsenspiegel« gewann die Abstammung verbindliche juristische Bedeutung, unter anderem bei der Definition des Status eines »Freien«. Unter den Handwerkern war neben Fähigkeit und beruflichem Können die »echte und rechte« Abstammung ein entscheidendes Kriterium bei der Aufnahme in die verschiedenen Zünfte.

Abgesehen von solchen zweckgebundenen Abstammungsnachweisen, kannte das Mittelalter jedoch noch keine systematische genealogische Forschung. Diese setzte erst gegen Ende des 15. Jahrhunderts ein, als einzelne Herrscherhäuser begannen, Gelehrte mit der Erstellung von Familienchroniken und der Anfertigung von Ahnentafeln – zum höheren Ruhm der jeweiligen Dynastie – zu beauftragen und ihre Hausarchive für diese Arbeit zur Verfügung stellten. Unter diesen Gelehrten ist vor allem Ladislaus Suntheim (ca. 1440 – 1513) zu nennen, der auf Weisung Kaiser Maximilians eine Chronik der Häuser Habsburg und Babenberg erstellte. In ihm kann man nicht nur einen der ersten Berufsgenealogen, sondern auch den Begründer der genealogischen Forschung in Deutschland überhaupt sehen.

In der Folgezeit wurde die Genealogie Lehrgegenstand der Universitäten, wobei es neben den Historikern bezeichnenderweise vor allem die Juristen waren, die sich ihr aufmerksam widmeten: Fragen des Erb-, aber auch des (dynastischen) Staatsrechtes wurden durch genealogische Forschungen unmittelbar berührt. Gegen Ende des 18. Jahrhunderts schuf der Genealoge und Heraldiker Johann Christoph Gatterer (1727 – 1799) mit seinem Buch »Abriß der Genealogie« (1788) ein grundlegendes Werk, in dem er praktische mit theoretischen Fragestellungen vereinte und wesentliche Beiträge zu einer genealogischen Systematik lieferte. Von den Zeitgenossen noch weitgehend unbeachtet, wurde die Bedeutung von Gatterers Schaffen erst Jahrzehnte später nach und nach erkannt und gewürdigt.

Die Wende vom 18. zum 19. Jahrhundert brachte schwere gesellschaftliche Umbrüche und Krisen in ganz Europa mit sich. Die Französische Revolution und die Herrschaft

▷

Matrikelbuch der Universität Erfurt. Pergamenthandschrift mit Miniaturen. Der Eintrag des Reformators Martin Luther (1483–1546) ist rot unterstrichen. Text: Martino Luder de Mansfelt.

alias
et bene
instituens
adolesc-
tes sub
eode an-
no regi-
mine do
no s(an)c(t)o
festum

d(omi)ni Archangeli Michaelis nu(mer)o
quinquaginta septem Baccalaria(m)
suscepere laurea q(uo)r(um) nota sequuntur
Jodocus de Sebech
d(omi)n(u)s Jacobus Brydenitz
Johanes malschau de lubek
heynric(us) stuber de luneburg
Ludewic(us) lendegart de Reyn
Conradus top de hungen
heinric(us) postman de horwel
Nicolas smermul de franckenhusin
Joh(an)es hemagyn de Eslingen
v. Johannes hom de franckeberg
Reynhardus Emmerici de frackeberg
Marting henkelin de Gottingen
Lucian(us) kremer de Blanckenhayn
Cristan(us) beyer de blanckenhayn
Georius sumer de herbipoli
Georius feste labicens(is)
Joh(e)s tutebret de brucken
hermang kancken de hoxaria
Tilmang kruger de Brunswick
v. joh(e)s trendale de hamburg
Gifridus seten de wettern
Georius ditz de Eslingen
Sygismundus hutener de Stan
fabiang sartoris de senftenberg
Joh(e)s hortnis de erkersberg
Wigang wydenhouet de marberg
Engelmuthina p hoynfelt

Johannes kalenberg de saltz
Severius yser de oftenburg
Martin(us) luder de mansfelt
Johan(n) sachsen Erffurden(sis)
Cristoferus de gronaw
Casparus sulteti de frawnstat
Lukardus hoyp de luder(n)
Valentin(us) sutoris de marckelbach
Michael faber d(e) marckelbach
Wigandus wolff de franckfordia
Wolpert(us) hevn de Frislaria
Conradus pyncier de bydenkep
Joh(e)s calciatoris de bydenkap
Joh(e)s pistoris waneborg Erffurden(sis)
Anthoni(us) werner de Forlitz
Joh(e)s sartoris de blynsfelt
Ludolphus oman de Brunswick
Albertus hille de Gottingen
hemingus con de nortern
fabianus mist de kirkbusch
Conradus vielhens de mersbach
Balthasar halls de luchau
Sygismundus kirchner de schonstat
Eustachius koler de kauffberg
Anthoni(us) krebell de bopardia
Joh(e)s ratz Erffurden(sis)
Joh(e)s probst de anderslebin
Jacobus tzerlach de Juliaco
heinric(us) lymp de Gottingen
Conradus wygant de mansfelt

Napoleons schufen zwar durch die Einführung der staatlich-standesamtlichen Registrierung von Personenstandsangelegenheiten die Basis für eine gesicherte Quellenlage der Familienforschung ab dem 19. Jahrhundert. Durch den Geist der Zeit aber war die Genealogie, die als Angelegenheit des Adels, der alten Dynastien, angesehen wurde, in einer äußerst mißlichen Lage, von der sie sich lange nicht erholen konnte. Von den Universitäten wurden genealogische Themen verdrängt, und in der ersten Hälfte des 19. Jahrhunderts gab es kaum noch nennenswerte Ansätze familiengeschichtlicher Forschungen in Deutschland. Neue Anstöße gingen in den siebziger Jahren des letzten Jahrhunderts von einer eng verwandten Nachbarwissenschaft, der *Heraldik,* aus. Heraldische Gesellschaften (»Adler«, in Wien, »Herold« in Berlin) wurden gegründet, die überregionale Bedeutung hatten. In ihnen kam mit der Zeit auch wieder ein stärkeres Interesse an der Genealogie auf, die der heraldischen Forschung immer wieder wichtige Hinweise gab. Bald erschienen genealogische Buchreihen, in denen Ahnenlisten und zahlreiche andere familienkundliche Materialien veröffentlich wurden. Zunächst widmeten sich diese Reihen nur den adeligen Familien, doch 1889 erschien auf Initiative des »Herold« das »Genealogische Handbuch bürgerlicher Geschlechter« (auch »Deutsches Geschlechterbuch / DGB« genannt), von dem bisher rund 200 Bände, zum Teil nach Regionen gegliedert, mit mehreren Millionen genealogischer Einzeldaten vorliegen. Nach wie vor wird das »DGB« laufend ergänzt.

◁
Spätmittelalterliche Wappendarstellungen:
Links oben: Titelseite der »Erklärung der Landesfreiheit . . .« (Gesetzesauslegung) mit dem kurfürstlich bayerischen Wappen, Ingolstadt 1553.
Rechts oben: Glasmalerei, Ende 15. Jahrhundert, Nürnberg. Rundscheibe mit Wappen und vier Szenen (im Uhrzeigersinn: Magd bei der Speisenzubereitung, Zechendes Paar, Narr am Brunnen, Reitendes Paar).
Links unten: Glasmalerei aus der Nordschweiz, um 1480. Das Brautpaar hält sein Wappen.
Rechts unten: Graf Rudolf von Neuenburg. Miniatur aus der Heidelberger Liederhandschrift, auch Manessische Handschrift genannt, entstanden in der ersten Hälfte des 14. Jahrhunderts.

GENEALOGIE

Stammbaum der Karolinger aus der Welt-Chronik des Mönchs Ekkehard von Aura (gest. um 1125).

Zwei unterschiedliche theoretische Richtungen begannen, sich in der Genealogie gegen Ende des 19. Jahrhunderts herauszubilden: eine mehr naturwissenschaftlich ausgerichtete, die unter dem Einfluß der Entwicklungslehre Darwins und Haeckels und der biologischen Vererbungstheorien Mendels stand, sowie eine soziologisch und historisch orientierte, der es mehr um eine umfassende Familienkunde ging. Als Vertreter der ersten, stark auf die Humangenetik fixierten Richtung ist Ottokar Lorenz mit seinem Werk »Lehrbuch der gesamten wissenschaftlichen Genealogie«, als Vertreter der zweiten Richtung Stephan Kekulé von Stradonitz sowie Eduard Heydenreich, der Verfasser des »Handbuchs der praktischen Genealogie«, zu nennen. Allein an der Namensgebung der beiden Hauptwerke läßt sich erkennen, daß die erste Richtung vor allem an theoretischen Fragestellungen, die zweite mehr an praktischen Problemen der Familiengeschichtsforschung interessiert war.

Anfang des 20. Jahrhunderts wur-

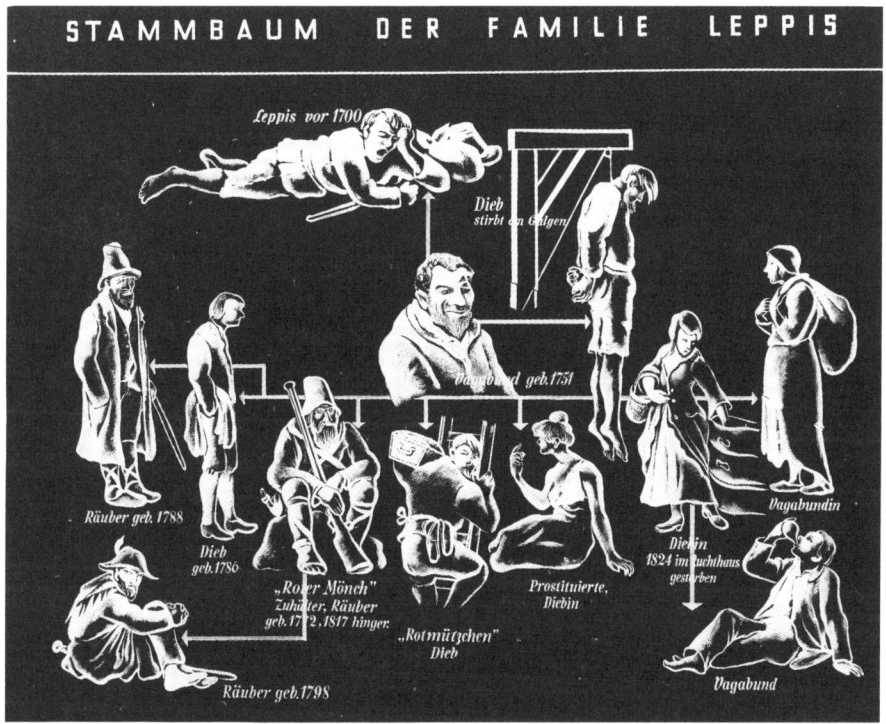

Typisches Beispiel einer humangenetisch orientierten Genealogie, die gewisse Familienschicksale im Gegensatz zur historisch-sozialwissenschaftlichen Richtung auf Erbanlagen zurückführte.

den zahlreiche eigenständige genealogische Vereine auf regionaler Ebene gegründet. Die meisten von ihnen gaben Zeitschriften und Mitteilungsblätter heraus, in denen die Mitglieder ihre Forschungsergebnisse veröffentlichten und so untereinander, aber auch einem breiteren Kreis von Interessierten zugänglich machten. 1924 schlossen sich diese regionalen Vereinigungen zu einer Dachorganisation, der »Arbeitsgemeinschaft der deutschen familien- und wappenkundlichen Vereine«, zusammen. Der Konflikt zwischen einer genetisch orientierten Forschung und der historisch-sozialwissenschaftlichen Richtung konnte jedoch nicht überbrückt werden. Er dauerte vor allem in der Universitätsgenealogie an, um die sich Wissenschaftler verschiedener Fachrichtungen bemühten, die genealogische Themen in das Lehrprogramm ihrer Fächer aufnahmen.

Die Machtergreifung der Nationalsozialisten brachte eine grundlegende Veränderung der Situation. Wie vieles andere auch, nahmen die neuen Machthaber die genealogische Forschung in Beschlag und setzten sie für ihre eigenen Ziele ein: für die Rassenpolitik und die mythische Verklärung der Vergangenheit. Dabei konnten sie insbesondere an die naturwissenschaftliche Richtung der Genealogie anknüpfen, die ganz in den Dienst der rassistischen Maßnahmen des Regimes gestellt wurde. Eine wahre Flut von Büchern und Broschüren über Rassen- und Vererbungslehre ergoß sich über die Deutschen. Entsprechende Themen wurden Unterrichtsstoff an den Schulen und waren fester Bestandteil der weltanschaulichen Kurse für die Partei-, HJ- und SS-Gliederungen. Parteimitglieder der NSDAP und Beamte waren verpflichtet, über mehrere Generationen hinweg ihre »arische Abstammung« nachzuweisen. Das führte in den Jahren der NS-Herrschaft zu einer zwar millionenfachen, aber vielfach erzwungenen Beschäftigung mit der Familiengeschichte – ein wichtiger Grund für die Abneigung, mit der man der Ge-

Die »Sippenbücher« der NS-Zeit zeichneten sich durch das wissenschaftlich nicht haltbare Bestreben aus, die kulturellen Traditionen bis ins germanische Altertum zurückzuverfolgen.

nealogie nach 1945 lange Zeit begegnete.

Durch die Schaffung einer »Reichsstelle für Sippenforschung«, die in Personalunion mit dem »Volksbund der deutschen sippenkundlichen Vereine« (einer Zwangs-Dachorganisation aller genealogischen Vereinigungen) verbunden war, wurde die familienkundliche Forschung unter Aufsicht und Anleitung des Systems gestellt. Vor allem sicherten sich die Nationalsozialisten auf diese Weise den Zugriff zu den umfangreichen archivalischen Sammlungen der verschiedenen Verbände. Die geplante Erweiterung der »Reichsstelle« zu einem »Reichssippenamt«, dem auch die einzelnen Standesämter unterstellt werden sollten, kam infolge der Kriegsereignisse nicht mehr zur Durchführung.

Nach dem Ende des Zweiten Weltkrieges konnten die verschiedenen familienkundlichen Vereine nur langsam wieder Tritt fassen. Mit der »Gruppe Familien- und Wappenkunde im Bundesbahn-Sozialwerk«, dem »Institut zur Erforschung historischer Führungsschichten e.V.«, dem »Bund Deutscher Familienverbände e.V.« und einigen neuen örtlichen Arbeitsgemeinschaften auf genealogischem Gebiet, wurden mit der Zeit allerdings auch Vereinigungen geschaffen, die in dieser Form vor 1945 noch nicht bestanden hatten. Die ehemaligen genealogischen Regionalvereine aus den ostdeutschen Gebieten lebten in verschiedenen Organisationen der Vertriebenengenealogie wieder auf. In ihrer Arbeit lehnte die Nachkriegsfamilienfoschung die rassistisch mißbrauchte naturwissenschaftliche Ausrichtung weitgehend ab und konzentrierte sich auf sozial- und regionalgeschichtliche Aspekte. Neue Anstöße erhält die Genealogie in den letzten Jahren durch die vielfältigen Möglichkeiten der elektronischen Datenverarbeitung, ein Thema, auf das in einem besonderen Abschnitt noch eingegangen wird.

Trotz der weit in die Vergangenheit zurückreichenden Spuren einer Beschäftigung der Menschen mit familiengeschichtlichen Zusammenhängen, stellt die Genealogie als systematisch betriebene Wissenschaft noch eine relativ junge Disziplin dar. Erst vor etwa 100 Jahren vollzog sich der Übergang von der »Adels-« zur »Volksgenealogie«, von der ausschließlichen Erforschung reicher und mächtiger Geschlechter zur Untersuchung der familiären Herkunftsgeschichte breiterer Bevölkerungskreise. Die Zukunftschancen der Genealogie könnten einerseits darin liegen, diesen sozialgeschichtlichen Ansatz – auch in engem Zusammenspiel mit der historischen Demographie – weiter auszubauen und ihre Bedeutung als Hilfswissenschaft der Geschichtsforschung wieder zu stärken. Anderseits wäre es eine wichtige Aufgabe, dem Heer der Hobby- und Laienfamilienforscher, aber auch den nicht einheitlich ausgebildeten Berufsgenealogen theoretische und methodische Hilfestellung zu leisten und dadurch Fehlentwicklungen vorzubeugen. Beide Aufgaben wird die wissenschaftliche Genealogie auf Dauer nur wahrnehmen können, wenn ein entsprechendes organisatorisches Fundament in Form von genealogischen Lehrstühlen an einigen Universitäten vorhanden ist.

Organisationsformen der Genealogie heute

Zur Zeit gibt es an den Universitäten im deutschen Sprachraum zwar verschiedene Lehrstühle für historische Hilfswissenschaften, jedoch keine ausschließlich auf genealogische Themen konzentrierte Professur. Genealogisches Forschen und Arbeiten vollzieht sich vielmehr hauptsächlich außerhalb der Universitäten in privaten Vereinigungen und Institutionen sowie einigen, zum Teil an öffentlich-rechtliche Körperschaften angeschlossenen, Arbeitskreisen und Forschungsstellen.

Von wesentlicher Bedeutung sind die *genealogischen Vereine*. Man kann unter ihnen vor allem zwei Gruppen unterscheiden: Vereine, die ohne regionale Begrenzung, dafür aber oft mit Bezug auf bestimmte Sondergruppen arbeiten, sowie landschaftsgebundene Vereinigungen.

Zur ersten Gruppe gehören unter anderem der »Deutsche Hugenotten-Verein e.V.«, der »Salzburger Verein e.V.« (der sich Forschungen über die protestantischen Salzburger Emigranten des 18. Jahrhunderts widmet), das »Deutsche Adels-Archiv e.V.«, der bereits erwähnte, vor allem heraldisch orientierte Verein »Herold« in Berlin und der »Mennonitische Geschichtsverein e.V.«

Zu den wichtigsten der über 40 regionalen und örtlichen Vereine zählen die »Westdeutsche Gesellschaft für Familienforschung e.V.« (im wesentlichen für das Gebiet der ehemaligen preußischen Rheinprovinz zuständig), die »Arbeitsgemeinschaft ostdeutscher Familienforscher e.V.« (Vertriebenengenealogie mit regionalem Schwerpunkt in den Gebieten östlich von Oder und Neiße), der »Verein für Familien- und Wappenkunde in Württemberg und Baden e.V.« und der »Bayerische Landesverein für Familienkunde e.V.« Das gesamte Gebiet der Bundesrepublik Deutschland ist von jeweils zuständigen genealogischen Regionalvereinen erfaßt, deren Arbeitsgebiete sich manchmal sogar überschneiden. Darüber hinaus gibt es fließende Übergänge zu den weit über zweihundert landes- bzw. lokalgeschichtlichen Vereinen, die sich – neben einer Fülle anderer Themen – teilweise auch genealogischen Fragestellungen widmen.

Die größten genealogischen Vereinigungen untergliedern sich oft noch in Bezirks- oder Ortsgruppen, die jeweils für Teilgebiete einer Region

Alle genealogischen Vereine geben aufschlußreiche Rundschreiben, Mitteilungsblätter und Zeitschriften heraus. In manchen Fällen belaufen sich ihre Schriftenreihen auf über hundert Bände.

zuständig sind. Solche Untergliederungen ermöglichen besonders gut den direkten, persönlichen Kontakt von Familienforschern untereinander. Die »Westdeutsche Gesellschaft für Familienkunde e.V.«, deren Arbeitsbereich von der niederländischen Grenze bis zur Nahe und vom Ruhrgebiet bis nach Trier reicht, hat z.B. derzeit ein Netz von 13 Bezirksgruppen.

Alle Vereinigungen geben *Rundschreiben, Mitteilungsblätter* und zum Teil sogar recht aufwendig gestaltete *Zeitschriften* heraus, in denen Veranstaltungstermine, Literaturhinweise, Artikel über familiengeschichtliche Forschungsergebnisse, Ahnenlisten und Suchfragen abgedruckt sind. Oft erscheinen außerdem noch Schriftenreihen der Vereine mit Büchern und Broschüren zu familienkundlichen und regionalgeschichtlichen Themen. Vielerorts bemüht man sich, in diesen Schriftenreihen schwer zugängliche alte Quellen wie etwa Bürgerbücher, Ratsherrenverzeichnisse, Zunftlisten und ähnliches in gedruckter Form wieder greifbar zu machen.

Einer Reihe von Zeitschriften liegen kostenlos die »Familienkundlichen Nachrichten (FaNa)« bei, ein überregionales Anzeigenblatt mit Suchanzeigen von Familienforschern aus dem In- und Ausland sowie Werbeannoncen von Berufsgenealogen und -heraldikern.

Selbstverständlich unterhalten die genealogischen Vereinigungen auch *Archive* und *Bibliotheken,* deren Nutzung den Mitgliedern normalerweise zu besonders günstigen Konditionen möglich ist. Diese Sammlungen speichern das konzentrierte genealogische Wissen über die jeweilige Region, sie enthalten Standardwerke (auch über Nachbarwissenschaften) und meist auch Zeitschriftenjahrgänge anderer genealogischer Regionalvereinigungen.

Die Mitgliedschaft ist in den meisten Vereinen an keine besonderen Bedingungen geknüpft. Es genügt in der Regel eine Beitrittserklärung und die Zahlung eines Jahresbeitrages, der sich in seiner Höhe nicht merklich von den Beiträgen in anderen Vereinen unterscheidet. Besondere Aktivitäten oder gar Vorkenntnisse auf dem Gebiet der Familienforschung werden natürlich begrüßt, aber in keiner Weise zur Bedingung eines Beitrittes gemacht.

Eine Sonderform genealogischer Vereine stellen die sogenannten *Familienverbände* (zum Teil auch als Sippenverbände bezeichnet) dar. In ihnen haben sich Träger des gleichen Namens (die meist einen gemeinsamen Vorfahren vermuten) oder Personen, die nachweislich vom gleichen Vorfahren abstammen (auch wenn sie mittlerweile andere Namen tragen), zusammengeschlossen. Auch die Familienverbände geben meistens eigene Mitteilungsblätter heraus und richten sich Archive und Sammlungen ein, die der gemeinsamen Erforschung der Familiengeschichte dienen sollen. Das gesellige Moment (»Familientreffen«, »Familientage« usw.) spielt jedoch naturgemäß eine größere Rolle als bei den anderen Vereinigungen. Familienverbände, bei denen die Verwandtschaft der Mitglieder untereinander feststeht, nehmen darüber hinaus oft auch noch Aufgaben der praktischen Familienpflege, z.B. der Unterstützung in Notlagen, wahr. Ein Verzeichnis der Familienverbände kann beim »Bund der Familienverbände e.V.« angefordert werden.

Die westdeutsche Dachorganisation fast aller familiengeschichtlicher Vereinigungen ist die 1949 gegründete »Deutsche Arbeitsgemeinschaft Genealogischer Verbände (DAGV)«. Sie verzichtet auf eine eigene Forschungstätigkeit und konzentriert sich statt dessen auf die Koordination der Mitgliedsvereine und die Vertretung genealogischer Interessen gegenüber der Öffentlichkeit. Nach dem Mitgliedsverzeichnis von 1984 gehörten der DAGV 43 Organisationen an.

Nach der Wiedervereinigung erlebte die Familiengeschichtsforschung in den neuen Bundesländern einen

Aufschwung. Vielerorts bilden sich Vereinigungen (siehe Seite 119). In Österreich bemüht sich die traditionsreiche »Heraldisch-Genealogische Gesellschaft Adler« in Wien um die Belange der Familienkunde.

In der Schweiz arbeitet die »Schweizerische Gesellschaft für Familienforschung«, die mehrere örtliche Sektionen in verschiedenen Städten der Eidgenossenschaft unterhält.

Familienkundliche Gesellschaften und Zeitschriften bestehen auch in zahlreichen Ländern des nichtdeutschsprachigen Auslandes, so zum Beispiel in den skandinavischen Staaten, in Großbritannien, Belgien, den Niederlanden, Frankreich, den USA und Australien. Besonders in den Vereinigten Staaten hat die Familiengeschichtsforschung in den letzten Jahren einen gewaltigen Aufschwung genommen, vor allem, seit die Zweihundertjahrfeier der USA im Jahre 1976 das Bewußtsein für historische Fragen in breiten Kreisen der dortigen Bevölkerung weckte. Die Suche nach den »roots«, den Wurzeln ihrer Herkunft, führt bei zahlreichen Amerikanern zu einer wahren Flut von Anfragen an europäische Standesämter, Pfarreien, Archive und Berufsgenealogen. Nicht wenige US-Bürger sind mittlerweile Miglied in europäischen genealogischen Vereinigungen geworden.

In diesem Zusammenhang sei auch auf das viele Millionen familiengeschichtliche Daten umfassende *Zentralarchiv der Mormonen-Sekte* (»Kirche Jesu Christi der Heiligen der letzten Tage«) in Salt Lake City / Utah hingewiesen. Seine Gründung geht auf den besonderen Glauben der Mormonen im Zusammenhang mit dem Jüngsten Gericht zurück, der sie unter anderem zur Nachtaufe bereits Verstorbener aufruft. In dem Archiv befinden sich große Mengen von Auszügen aus amerikanischen und europäischen Personenstandsregistern, weshalb es auch von Familienforschern aus Europa in einer Reihe von Fällen immer wieder gern in Anspruch genommen wird.

Aus den internationalen Dimensionen genealogischen Arbeitens wird ersichtlich, daß es völlig falsch und unangebracht wäre, die Familiengeschichtsforschung mit »Deutschtümelei«, »völkischer Überheblichkeit« und ähnlichem in Zusammenhang zu bringen. Man kann ganz im Gegenteil von einer völkerverbindenden Wirkung der Genealogie sprechen, da in nicht wenigen Ahnenlisten an irgendeinem Punkt einmal Zuwanderer aus anderen europäischen Ländern auftauchen: holländische Schiffer, italienische Kaufleute und Kunsthandwerker, hugenottische Flüchtlinge oder polnische Bergarbeiter. Eine ernsthaft betriebene, sozialgeschichtlich verstandene Genealogie ist nicht an Grenzen gebunden. Sie ist eine Möglichkeit und vielleicht auch eine Aufgabe in allen europäischen und außereuropäischen Ländern.

(Ein Adressenverzeichnis der wichtigsten genealogischen Vereinigungen des In- und Auslandes folgt im Anhang.)

GENEALOGIE

Eine solche viele Generationen zurückreichende Ahnentafel in schmückender Baumform ist das Ziel vieler Familienforscher.

Praxis der Familienforschung

Die Ausgangslage

Ein bekanntes Sprichwort sagt: »Aller Anfang ist schwer!« Bei der Familienforschung ist es genau umgekehrt, sofern es sich um *Vorfahren- bzw. Ahnenforschung handelt.* Gerade den Anfang einer Ahnentafel oder -liste, d.h. eine Übersicht über die nächsten Vorfahren (Eltern, Großeltern, vielleicht noch Urgroßeltern), wird man noch einigermaßen leicht erstellen können. Je weiter man fortfährt, je tiefer man in die Vergangenheit und die Geschichte der eigenen Familie eindringt, desto schwieriger und aufwendiger wird dagegen die Forschungsarbeit.

Eine zweite Arbeitsweise des Familienforschers ist die *Nachkommenforschung.* Man geht dabei von einem Vorfahren aus, oft einer berühmten Persönlichkeit, und macht seine Nachkommen bis in die Gegenwart ausfindig.

Doch zurück zum Anfang: ist das Interesse an der Thematik *Familienforschung* erst einmal geweckt, so stellt sich natürlich die Frage, wie und womit man beginnt. Der *Nullpunkt* sieht oft so aus: die Daten von Eltern und Großeltern (ihre Vor- und Familiennamen, die Geburtsnamen der Mutter und der Großmütter, die Geburts- und Sterbejahre, zum Teil auch die genauen Tage, vielleicht die Hochzeitstermine und schließlich die verschiedenen Berufe) kennt man. Unter Umständen weiß man in dieser Hinsicht auch noch einiges von dem einen oder anderen Urgroßelternteil. Oft sind solche Daten in Familienstammbüchern, nachgelassenen Privat- oder Geschäftspapieren usw. enthalten, die sich noch im Familienbesitz befinden. Und schließlich existiert in fast jeder Familie und darüber hinaus in vielen Dörfern eine Fülle von Geschichten und Erinnerungen: die Großmutter kann einiges über ihre Jugend, ihre Eltern und ihre eigenen Großeltern erzählen, der Vater besteht darauf, daß der Name der Familie aus dieser oder jener Gegend komme, die alte Nachbarin weiß einiges zur Geschichte des Hofes usw. So unterhaltsam und interessant solche Überlieferungen meistens auch sind, so deutlich muß gesagt werden: Vorsicht! Diese Geschichten und Erinnerungen erweisen sich bei ernsthaftem Erforschen schriftlicher Quellen oft als Mythen und Legenden, erklärlich durch lange Zeitabstände, nachlassendes Erinnerungsvermögen, unbewußte Idealisierungen und allerlei Verwechslungen. Da kann sich dann herausstellen, daß der Urgroßvater keinesfalls Architekt, sondern Maurerpolier war, daß ein anderer nicht aus Koblenz an Rhein und Mosel, sondern aus Koblenz an der (schweizerischen) Aare kam und seine Frau nicht den Mädchennamen Schmidt, sondern Schmitz trug (was für die Standesamts- und Kirchenbuchforschung unter Umständen von erheblicher Bedeutung sein kann).

Wir haben es am Anfang also sowohl mit sicheren (durch schriftliche Quellen belegten) als auch mit unsicheren (durch Erzählungen und vage Erinnerungen überlieferten) Daten für die zwei, drei, günstigenfalls vier Ahnengenerationen zu tun, sofern in der Familie nicht schon früher einmal entsprechende Forschungen betrieben wurden, von denen noch Unterlagen vorhanden sind. Nun geht es darum, die Daten zu erfassen und zu ordnen, denn sie stellen die Ansatzpunkte für jedes weitere Vorgehen dar.

Die Vorbereitung der Forschungsarbeit

Organisation ist alles – auch bei der Familienforschung. Für die Erfassung und Ordnung der Daten sind die verschiedensten Systeme und Datenträger denkbar: von Karteikarten und -blättern in den verschiedensten Formaten und Aufteilungen bis hin zu Computer-Disketten. Bleibt man bei Datenträgern aus Papier, die wohl nach wie vor (trotz der Fortschritte beim EDV-Einsatz auch auf genealogischem Gebiet) von den meisten Familienforschern verwendet werden, empfiehlt es sich, für jeden einzelnen Vorfahren ein eigenes Blatt bzw. eine eigene *Karteikarte* anzulegen. Das ermöglicht Flexibilität bei der Einordnung in eine mit der Zeit wachsende Ahnenkartei.

Eine von vielen Möglichkeiten ist die Anlage eines einfachen DIN-A4-Blattes. Hierauf trägt man zunächst mit der Schreibmaschine verschiedene Rubriken ein: Name und Vornamen der betreffenden Person, die Eltern, Geburtsort und -datum, Taufort und -datum, Ort und Zeit von Heirat und Tod, jeweils einige Zeilen für Geschwister und Kinder sowie im unteren Abschnitt eine Rubrik für Angaben zu Berufstätigkeit, Kriegsteilnahme, Ämtern, Ehrungen usw. In der rechten oberen Ecke ist Raum für die Eintragung der Ahnenkennziffer und der Nummer der Ahnenreihe zu lassen.

Dieses selbstgefertigte Formular läßt sich in jedem Kopierladen beliebig oft vervielfältigen. Es kann mit in Archive genommen werden, wo sich neu erhobene Daten sofort in die entsprechenden Rubriken eintragen lassen, und es kann in einem Schnellhefter oder einem Ordner jeweils an der passenden Stelle eingefügt werden. Für den Anfang der Familienforschung und wohl auch noch eine ganze Zeit danach, wird ein solcher Bogen als Datenträger zunächst genügen: ist er doch Hilfsmittel sowohl bei der Erfassung als auch bei der Speicherung von Daten.

VORBEREITENDE ARBEITEN

```
                    PERSONEN-STAMMBLATT

                                          Kennziffer: _____
Name: _____
Vornamen: _____
Geb. am: _____  in: _____
Getauft am: _____  in: _____
Vater: _____
                             aus: _____
Mutter: _____

Geschwister:
1.: _____  2.: _____
3.: _____  4.: _____
5.: _____  6.: _____
7.: _____  8.: _____
9.: _____ 10.: _____

Heirat(en):
1.) Am: _____  in: _____
    mit: _____
2.) Am: _____  in: _____
    mit: _____
3.) Am: _____  in: _____
    mit: _____

Kinder:
1.: _____  2.: _____
3.: _____  4.: _____
5.: _____  6.: _____
7.: _____  8.: _____
9.: _____ 10.: _____

Gestorben am: _____  in: _____

Biographische Bemerkungen: _____
_____
_____
_____
_____
                                             Entwurf: P. Bahn
```

Ein Personenstammblatt, das man ohne viel Mühe selbst anlegen kann und das sich in der Praxis vielfach bewährt hat.

Auf diesem Blatt – nennen wir es *Personenstammblatt* – trägt man nun alle vorhandenen Informationen ein. Die sicher belegten Daten wird man sofort mit Kugelschreiber, Füller oder Schreibmaschine eintragen können, da sich an ihnen in der Regel nichts mehr ändert (es sei denn, es stellt sich später ein Fehler in den zugrundeliegenden schriftlichen Quellen heraus). Die unsicheren Daten sollte man nur mit Bleistift eintragen, damit sie bei notwendigen Korrekturen wieder ausradiert und geändert werden können.

Ist diese Arbeit nun getan, hat man:
1 Blatt für die eigene Person bzw. die Person, auf die sich die Erforschung der Vorfahren bezieht,
2 Blätter für die Eltern,
4 Blätter für die Großeltern,
8 Blätter für die Urgroßeltern (soweit diese alle bekannt sind) usw.

In der Regel wird man als »blutiger Laie« aufgrund von Familienunterlagen und -überlieferungen etwa 10 bis 20 solcher Personenstammblätter anlegen können. Damit ist dann alles in übersichtlicher Form zusammengefaßt, was ohne Anfragen bei den Standesämtern und ohne Einsicht in Kirchenbücher und Archive an familiengeschichtlichem Wissen vorhanden ist.

Die Einordnung der Personenstammblätter in einen Hefter oder Ordner erfolgt gemäß den Kennziffern der einzelnen Vorfahren. Die *Bezifferung* geschieht am besten nach dem heute allgemein üblichen System, das bereits im Jahre 1676 von dem Spanier Hieronymus de Sosa entwickelt und durch den Genealogen Stephan Kekulé von Stradonitz in Deutschland eingeführt wurde (»System Kekulé«): danach hat der Abkömmling (»Proband«) die Ziffer 1, die Eltern die Ziffern 2 (Vater) und 3 (Mutter), die Großeltern die Ziffern 4 bis 7, die Urgroßeltern 8 bis 15 usw. Die weiblichen Vorfahren haben stets ungerade, die männlichen gerade Ziffern. Nr. 13 ist also die Frau von Nr. 12. Die Ziffer des Vaters ist stets doppelt so hoch wie die seines Kindes, die Ziffer der Mutter ist gleich Ziffer des Kindes mal zwei plus eins. Der Großvater väterlicherseits hat danach die Ziffer 4 (das Doppelte der Ziffer, die der Vater trägt), die Großmutter väterlicherseits die Ziffer 5 (zwei mal zwei plus eins). Die Ziffern des sogenannten »Mannesstammes« (der Vorfahren in der direkten, männlichen Linie, in der Regel die Namensträger des Probanden) sind ab dem Großvater väterlicherseits immer durch 4 teilbar.

Nicht nur die einzelnen Vorfahren erhalten *Kennziffern,* man numeriert vielmehr auch die einzelnen Generationen durch, was die Übersichtlichkeit einer großen Ahnenkartei bzw. Ahnenliste stark verbessert. Die Eltern bilden die I. Ahnenreihe, die Großeltern die II. usw. (es empfiehlt sich, auf den Personenstammblättern die Ahnenreihe mit römischen, die Personenkennziffer mit arabischen Ziffern auszudrücken, um auf einen Blick beide Zahlen auseinanderhalten zu können). Jede Ahnenreihe umfaßt, sofern es

VORBEREITENDE ARBEITEN

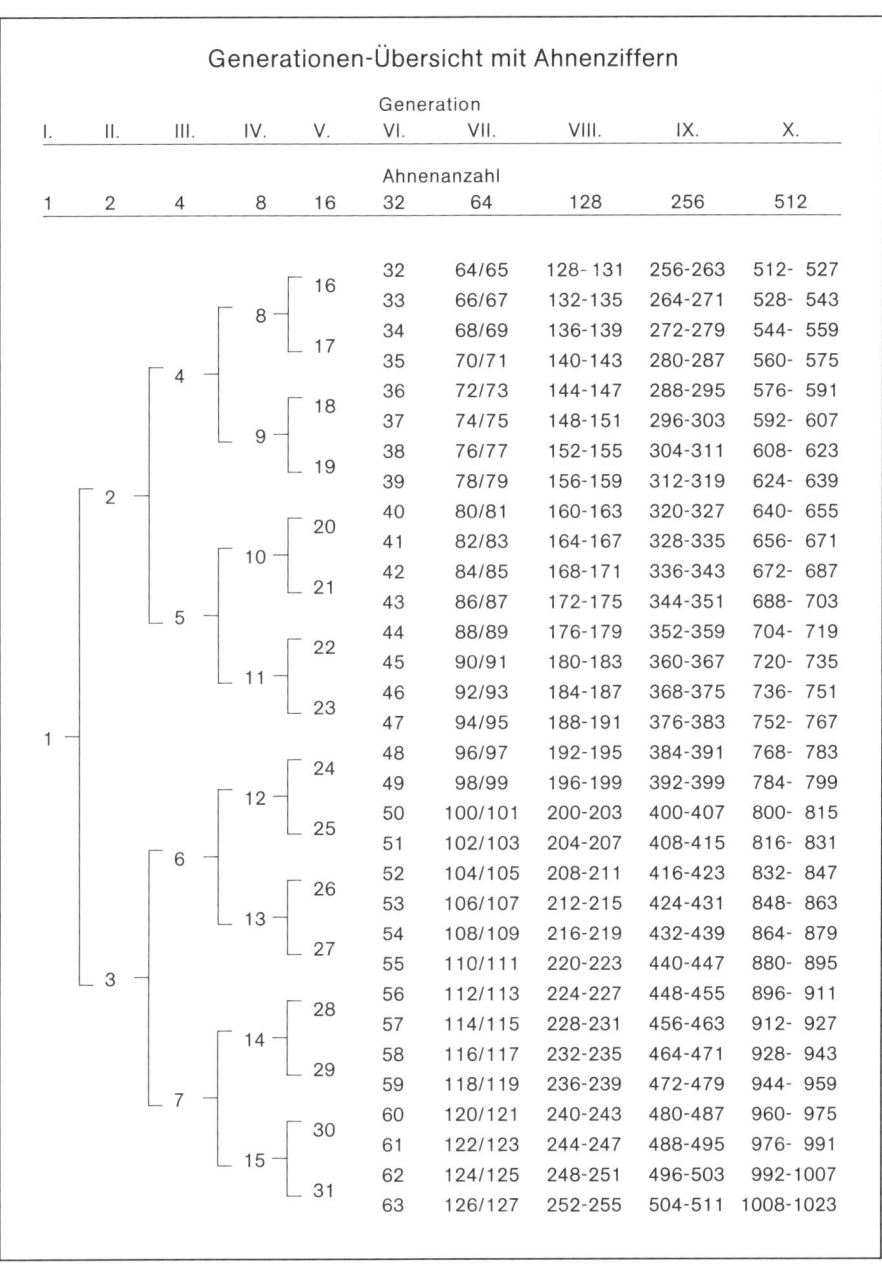

Die Kennziffern sind für die Einordnung der einzelnen Vorfahren von größter Bedeutung.

nicht zu Verwandtenehen kam, stets die doppelte Anzahl an Personen wie die vorhergehende: 8 Urgroßeltern, 16 Ururgroßeltern, 32 Urururgroßeltern etc.

Man sollte die Personenstammblätter in der Kartei bzw. im Ordner zweckmäßigerweise in der Reihenfolge der Ziffern und Ahnenreihe hinter Ahnenreihe einordnen. Das Loseblattsystem ermöglicht es, jedem neu entdeckten Vorfahren seinen richtigen Platz in der Sammlung zuzuweisen. Doch können später auch Blätter herausgenommen und bei Bedarf nach anderen Gesichtspunkten (z.B. alle Vorfahren des Großvaters mütterlicherseits, alle Vorfahren mit dem Geburtsort XY usw.) zusammengestellt werden. Daneben ist natürlich auch eine alphabetische, nach Familiennamen geordnete Anlage der Sammlung möglich.

Doch mit der Sammlung der vorhandenen Daten auf Personenstammblättern allein ist es noch nicht getan. Es sollte darüber hinaus ein zweiter Ordner bzw. eine zweite Mappe angelegt werden, in der die einzelnen schriftlichen Quellen gesammelt werden. In der Anfangsphase werden dies die schriftlichen Unterlagen aus dem Familienbesitz sein. Später kommen Kopien aus Kirchenbüchern und Standesamtsunterlagen, Zeitungsausschnitte, Briefe anderer Familienforscher mit wichtigen Hinweisen und ähnliche Schriftstücke hinzu.

Auch hier sind wieder verschiedene Ordnungsverfahren denkbar. So kann man z.B. jedes einzelne Schriftstück mit einer eigenen Nummer versehen und ein Register anlegen, in dem verzeichnet ist, welches Schriftstück man unter welcher Nummer finden kann. Auf jedem Personenstammblatt ist dann hinter den erfaßten Daten ebenfalls immer die entsprechende Registernummer als ein wichtiger Quellenverweis anzugeben.

Sind zu Beginn der eigenen Familienforschung nur wenige Schriftstücke vorhanden, so genügt es auch, eine Klarsichthülle für jeden Familiennamen, der in der Sammlung von Personenstammblättern vorkommt, anzulegen. In diese Klarsichthülle kommen dann alle Schriftstücke, die mit den Trägern des jeweiligen Namens zu tun haben, wobei Heiratsurkunden zweckmäßigerweise immer unter dem Namen des Mannes abgelegt werden sollten.

Gesetzt den Fall, daß man alle Vorfahren bis zu den Urgroßeltern vollständig erfaßt, also 15 Personenstammblätter angelegt hat, kommt man auf 8 verschiedene Familiennamen (die acht Namen der Urgroßeltern). Für jeden dieser Namen, die jeweils für eine bestimmte Linie unter den Vorfahren stehen, ist dann eine solche Hülle anzulegen.

Nun ist der Grundstock geschaffen, von dem aus es weitergehen kann. Jetzt erst beginnt die eigentliche, über die in der Familie selbst vorhandenen Quellen hinausgehende Forschung. »Neuland« fängt an – es wird spannend.

Die ersten Forschungsquellen

Die standesamtlichen Unterlagen

Die ersten, weil zeitlich naheliegendsten Quellen sind die *Unterlagen der Standesämter,* in denen Geburten, Heiraten und Sterbefälle amtlich registriert sind. Nehmen wir einmal an, daß vom Großvater mütterlicherseits Geburtsort und -jahr bekannt sind, sich in der Verwandtschaft aber niemand mehr an seinen genauen Geburtstag erinnert und auch in den Familienunterlagen darüber nichts mehr zu finden ist. Der Vollständigkeit des Personenstammblattes wegen, das für den Großvater bereits angelegt ist, soll nun das genaue Datum herausgefunden werden. Was ist zu tun?

Der einfachste Weg ist der, einen formlosen Brief an das zuständige Standesamt zu schreiben und darin um Mitteilung des Geburtsdatums zu bitten. Handelt es sich um einen kleinen Ort, der kein eigenes Standesamt hatte (oder heute keines mehr hat), so schreibt man an den Bürgermeister bzw. die Gemeindeverwaltung und bittet um Mitteilung darüber, wo sich das zuständige Standesamt befindet. In öffentlichen Bibliotheken sind zum Teil Ortsverzeichnisse vorhanden, in denen für alle Gemeinden eines Bundeslandes die zuständigen Behörden genannt werden.

In dem Brief an das Standesamt sollte man auf den Zweck der Anfrage (Familienforschung) hinweisen und das Verwandtschaftsverhältnis zu der Person, über die Daten erfragt werden, angeben. Es empfiehlt sich außerdem, in einem Schlußsatz die Erstattung eventuell enstehender Kosten zuzusichern.

Die Reaktion der Standesämter kann, wie zahlreiche Erfahrungen zeigen, sehr unterschiedlich sein. Beamte, die den Belangen der Familienforschung freundlich gegenüberstehen, werden unter Umständen ohne jede Kostenberechnung die gewünschten Informationen mitteilen und noch den einen oder anderen zusätzlichen Hinweis liefern. Andere dagegen werden nur bereit sein – vielleicht gar gegen Vorausrechnung oder Nachnahme –, eine beglaubigte Kopie der Geburtsurkunde zu schicken, die Bearbeitungsgebühr dafür beträgt zur Zeit 6,– DM. Im ungünstigsten Falle werden sogar noch besondere Suchgebühren, die bei einer einzelnen Urkunde bis zu 20,– DM betragen können, erhoben.

Andererseits ist mit der vollständigen Kopie einer Geburtsurkunde – ganz gleich, ob mit Beglaubigungsstempel versehen oder nicht – mehr anzufangen als mit der einfachen Mitteilung des Geburtsdatums. Die Urkunde enthält nämlich auch noch Angaben über Namen, Beruf und zuweilen Alter der Eltern (im vorliegenden Beispiel also von zwei Angehörigen der Urgroßelterngeneration), über die bisher vielleicht noch

FAMILIENFORSCHUNG

Geburtsurkunde von Karl Marx (geb. am 5. Mai 1818) aus dem Standesamtsregister der Stadt Trier.

gar keine oder nur sehr vage Informationen vorlagen. Auch über den Wohnsitz der Urgroßeltern (Ortsteil, Straße usw.) finden sich meist nähere Informationen, ebenso über Zeugen der Beurkundung, deren Namen manchmal Rückschlüsse auf die fernere Verwandtschaft zulassen.

Daher empfiehlt es sich sogar, nicht nur wegen eines Einzeldatums anzufragen, sondern gleich um die Übersendung einer Kopie der Geburtsurkunde zu bitten – aus Kostengründen möglichst einer unbeglaubigten, es sei denn, man benötigt sie zu juristischen Zwecken. Zweitschriften der standesamtlichen Akten lagern meist in staatlichen Archiven. Dort können sie eingesehen werden, soweit sie älter als 100 Jahre sind. Bei jüngeren Aktenbeständen ist eine Einsichtnahme aus Gründen des Datenschutzes nicht möglich. Für die Archivierung der Zweitschriften gibt es kein verbindliches System: ein Teil der Akten eines städtischen Standesamtes kann im zuständigen Stadtarchiv, ein anderer Teil (z.B. bestimmte Jahrgänge) in einem Landesarchiv lagern.

Die in der Regel kostenlose Einsicht in die Zweitschriften ist nicht in jedem Fall kostensparender als Anfragen bei den Standesämtern. Der Familienforscher aus München z.B., der einen Vorfahrenzweig aus Aachen erforscht, ist finanziell besser beraten, wenn er beim Standesamt anfragt und für Beglaubigung, Porto und Suchgebühr aufkommt: eine Archivreise wäre noch kostenintensiver. Das Verhältnis würde sich erst dann wieder zugunsten der Archivreise umkehren, wenn er beim Standesamt eine sehr große Anzahl von Urkunden abrufen würde, für die jeweils einzeln Kosten entstünden. Was besser ist, muß jeweils im konkreten Fall durchkalkuliert werden. Das Auffinden von Urkunden in den oft sehr umfangreichen, in größeren Städten Hunderttausende von Vorgängen in einem Zeitraum von wenigen Jahrzehnten umfassenden Standesamtregistern, wird durch die sogenannten *Decennaltabellen* erleichtert. Diese wird man vor allem dann zu Rate ziehen müssen, wenn das genaue Datum einer Geburt, einer Heirat oder eines Sterbefalles nicht bekannt ist. Es handelt sich bei diesen Tabellen um einen Index der Register, wobei jeweils ein Jahrzehnt zusammengefaßt ist. Heiratsurkunden sind dabei unter dem Namen des Mannes zu suchen: wenn ein Jodokus Wilhelm Müller 1854 eine Friederike Sophia Schmitt heiratete, so findet sich der Vorgang in der Decennaltabelle für die fünfziger Jahre des 19. Jahrhunderts unter Müller/Schmitt. Der Familiennamen des Mannes ist stets als erster angegeben. Der Decennaltabelle kann dann entnommen werden, unter welcher Nummer die Heiratsurkunde im Jahrgangsband 1854 des Trauregisters zu finden ist. Die Decennaltabellen sind also Wegweiser durch die Register, die die Sucharbeit erheblich erleichtern.

Die Standesamtsakten reichen – und darin liegt ein gewisses Problem – nicht überall gleich weit zurück. Im gesamten linksrheinischen Deutschland gibt es eine weitgehend lückenlose Führung der Standesamtsregister seit der französischen Besetzung Ende des 18. Jahrhunderts. In der napoleonischen Zeit übernahmen dann auch einige rechtsrheinische Gebiete das französische Vorbild und behielten es nach 1815 (dem Jahr der territorialen Neuordnung Deuschlands auf dem Wiener Kongreß) bei.

Die Ausdehnung des Prinzips der standesamtlichen Registrierung auf ganz Deutschland erfolgte allerdings erst durch das 1875 verabschiedete »Reichsgesetz über die Beurkundung des Personenstandes und der Eheschließung«, das zum 1.1.1876 in Kraft trat. Bei Forschungen vor diesem Zeitpunkt ist man in den meisten Gebieten rechts des Rheins auf die kirchlichen Unterlagen angewiesen. Im Laufe des 19. Jahrhunderts nahm der Staat allerdings zunehmend auf die Art und Weise der kirchlichen Registerführung Einfluß, was kirchliche Quellen aus jener Zeit zuverlässiger und übersichtlicher macht, als sie es im 17. und 18. Jahrhundert waren.

Vor allem im Rheinland ist es oft ohne weiteres möglich, infolge des frühen Beginns der standesamtlichen Registerführung mehrere Generationen von Vorfahren allein anhand dieser Unterlagen zurückzuverfol-

FAMILIENFORSCHUNG

Heiratsurkunde aus dem Rathaus von Aachen (Aix la Chapelle) vom 1. Tag des Monats Germinal im 9. Jahr der Französischen Republik: das ist der 22. März 1801. Es handelt sich um die Eltern des Malers und Zeichners Alfred Rethel (1816–1859).

gen. Eine Vielzahl von familiengeschichtlich wichtigen Daten läßt sich so ermitteln, bis hin zu Personen, die eventuell noch im ersten Drittel des 18. Jahrhunderts geboren wurden und um 1800, also kurz nach der Einführung der standesamtlichen Register, starben. Wer seine Vorfahren vor allem links des Rheins sucht, wird nach gründlicher Auswertung der standesamtlichen Quellen unter Umständen einige Dutzend neue Personenstammblätter anlegen und bis zur sechsten oder gar zur siebten Vorfahrengeneration zurückgehen können.

In der Frühzeit der Standesamtsregister sind die Urkunden allerdings nicht auf deutsch, sondern auf französisch ausgestellt, denn das gesamte linke Rheinufer gehörte seinerzeit zu Frankreich. Allerdings tauchen in den Urkunden immer wieder die gleichen Floskeln und Begriffe auf, so daß man nach ein bißchen Übung den Sinn schnell erfassen kann. Für die Übersetzung der französischen Berufsbezeichnungen empfiehlt sich die Benutzung eines Wörterbuches. Bemerkenswert ist, daß die Vornamen in jener Zeit fast durchweg französisiert wurden (z.B. André statt Andreas, Jean statt Johann), die Familiennamen aber keine oder nur eine geringe Wandlung erfuhren.

Zu berücksichtigen ist ferner, daß bis zum 31.12.1815 der französische Revolutionskalender galt, die Daten der Eintragung somit auf dessen Zeiteinteilung beruhen. Das Jahr 1805 war z.B. das Jahr XIII/XIV der Republik (vgl. dazu auch das Kapitel über Zeitrechnungskunde).

In der Zeit nach 1815 war das linksrheinische Gebiet zwischen Preußen, Bayern, Hessen-Darmstadt, Hessen-Homburg und Oldenburg aufgeteilt. Das führte zu gewissen Unterschieden in der Gestaltung der standesamtlichen Urkunden. In den linksrheinischen Teilen Preußens z.B. war man nicht ganz so ausführlich wie etwa in Hessen-Darmstadt, wo die Urkunden oft Hinweise auf zwei statt nur auf eine Vorfahrengeneration enthalten.

Irgendwann jedoch ist auch bei der intensivsten Forschung in den standesamtlichen Quellen der Punkt erreicht, an dem diese nichts Neues mehr hergeben. Die Situation wird im Rheinland später erreicht sein als in anderen Teilen Deutschlands, doch sie kommt auch dort. Wer weitergehen will, wer auch über die noch älteren Vorfahren etwas wissen möchte, kommt nicht umhin, sich einer weiteren Quellengruppe zuzuwenden: den kirchlichen Registern.

Kirchenbücher

Die Kirchenbücher stellen die wohl wichtigste familiengeschichtliche Quellengruppe überhaupt dar. In der Zeit vor der französischen Besetzung der Rheinlande waren sie die einzigen Register im deutschen Sprachraum, in denen familiäre Ereignisse kontinuierlich verzeichnet wurden, in weiten Teilen Deutschlands blieben sie es bis

Kirchenbucheintragung der Verehelichung Friedrich Schillers mit Charlotte von Lengefeld am 22. Februar 1790 in Wenigenjena.

1875. Die ältesten Kirchenbücher gehen bis ins 14. Jahrhundert zurück (Taufmatrikeln von Cabrières/Frankreich, 1305), im deutschsprachigen Raum immerhin noch bis ins 15. Jahrhundert.

Das Konzil von Trient schuf im Jahr 1563 die Voraussetzungen für eine kontinuierliche Führung von Tauf- und Heiratsregistern in den katholischen Pfarreien. Regelungen, die die Anlage und Führung der Sterberegister betrafen, entstanden erst 1614 unter Papst Paul V. Im evangelischen Bereich erließen die jeweiligen Landesfürsten im Laufe des 16. Jahrhunderts eine Reihe von Bestimmungen, die ihren Pfarrern ebenfalls die Anlage von Personenstandsregistern zur Pflicht machten. Forschungen über Vorfahren, deren Lebensdaten vor dem 16. Jahrhundert liegen, sind dementsprechend äußerst schwierig, da über diese Zeit nur sehr wenige personengeschichtliche Quellen vorliegen. Das gilt besonders für nichtadelige Geschlechter. Allerdings wäre es auch ein Trugschluß zu glauben, daß die seit dem 16. Jahrhundert angelegten Kirchenbücher allesamt noch erhalten wären. Vielmehr sind große Teile dieser Quellen in den folgenden Jahrhunderten vernichtet worden, wozu insbesondere der Dreißigjährige Krieg und im westdeutschen Raum die Eroberungskriege Ludwigs XIV. beitrugen: Kirchen, Klöster, Bibliotheken und Archive gingen in Flammen auf.

Weitere Kriegsverluste von alten Kirchenbüchern brachte das 20. Jahrhundert. An nicht wenigen Verlusten sind jedoch keinesfalls Kriege schuld, sondern menschliche Nachlässigkeit und Ignoranz: jahrzehnte- oder gar jahrhundertelange Lagerung von Kirchenbüchern in feuchten Kellern und auf staubigen Dachböden, unsachgemäße »Entrümpelungen« dieses oder jenes Pfarrhauses und ähnliche Vorgänge mögen zum Verlust mancher wichtigen alten Quelle geführt haben.

Bei der Benennung der Kirchenbücher gibt es einige landsmannschaftlich bedingte Unterschiede. So spricht man in bestimmten katholischen Gegenden Süddeutschlands von »Matrikeln« oder »Matriken«, in der Schweiz von »Rodeln« oder »Rotuli«. In wieder anderen Gebieten lautet die Bezeichnung »Register«, »Index«, »Catalogus« oder einfach »Verzeichnis«. Der gebräuchliche Oberbegriff »Kirchenbücher« meint von der Definition her kirchliche Urkundensammlungen, in denen die Taufen, die Trauungen und die Bestattungen eines Pfarrbezirkes verzeichnet sind.

Wie findet man nun heraus, in welchem Kirchenbuch man suchen muß? Und vor allem: wie kommt man an das entsprechende Kirchenbuch heran?

Im Rheinland und einigen benachbarten Gebieten wird man gegen Ende des 18. Jahrhunderts, in weiten Teilen des deutschen Sprachraumes aber schon 1875 auf die Situation stoßen, daß von bestimmten Vorfahren nur noch die Sterbe-, vielleicht auch noch die Heiratsdaten standesamtlich verzeichnet sind, die Geburtsdaten aber in die Zeit vor Einführung der Standesamtsregister fallen. Nun sollte man versuchen, beim Weiterforschen von den bekannten Daten auf die bisher noch unbekannten zu schließen. Die standesamtlichen Urkunden enthalten meist Altersangaben; wer z.B. 1810 laut Urkunde im Alter von 30 Jahren geheiratet hat, ist 1779 oder 1780 geboren. Das Geburtsjahr läßt sich soweit also schon eingrenzen. Weiterhin kann man davon ausgehen, daß die Mobilität der Bevölkerung zu jener Zeit erheblich geringer war als heute und die meisten Menschen im gleichen Ort starben, in dem sie auch geboren waren.

Wenn man also den Heirats- oder Sterbeort und das ungefähre Geburtsjahr aus den standesamtlichen

47

Dokumenten kennt, sollte man zur Ermittlung der genauen Geburtsdaten die für den Trau- bzw. Sterbeort zuständige Pfarrei anschreiben und seine Fragen vorbringen. In vielen Fällen ist die Pfarrei im Ort selbst, bei kleinen Gemeinden kann sie sich auch in einem Nachbarort befinden. Ist man sich unsicher, welche Pfarrei im konkreten Fall zuständig ist, genügt eine Anfrage an das jeweilige bischöfliche Ordinariat. In verschiedenen Bibliotheken sind auch umfangreiche Werke einzusehen, in denen die Pfarrorganisation einer bestimmten Region genau dargestellt wird. Noch einfacher ist es schließlich, den Brief »An das für den Ort XY zuständige Pfarramt« zu adressieren.

Ein gewisses Problem kann die Konfessionszugehörigkeit des gesuchten Vorfahren darstellen. In den standesamtlichen Unterlagen finden sich darüber oft keine Angaben. Nun kann man allerdings davon ausgehen, daß im 18. und 19. Jahrhundert die konfessionelle Mischung der Bevölkerung in Deutschland (abgesehen von einigen wenigen Gegenden, wie etwa der Pfalz) bei weitem noch nicht so stark war wie heute. Sucht man einen Vorfahren in Schleswig-Holstein, so kann man mit fast neunundneunzigprozentiger Sicherheit annehmen, daß er evangelisch war, ein Vorfahre aus der Eifel, aus Niederbayern oder aus Tirol war mit wohl ähnlich hoher Sicherheit katholischer Glaubenszugehörigkeit. Sollte man trotzdem aus Versehen einmal das Pfarramt der »falschen« Konfession angeschrieben haben, so empfiehlt es sich natürlich, die Anfrage auch noch an das örtlich zuständige Pfarramt der anderen Glaubensrichtung zu schicken.

Die Antwort der Pfarrämter kann sehr unterschiedlich ausfallen. Vor allem die folgenden Möglichkeiten sind denkbar:
- Das Pfarramt teilt Ihnen die gewünschten Daten mit. Im günstigsten Fall sendet man Ihnen sogar eine komplette Kopie der betreffenden Urkunde zu. Durch die darin enthaltenen Hinweise auf die Eltern des gesuchten Vorfahren haben Sie weitere Anhaltspunkte, auf denen Sie beim Fortgang Ihrer Familiengeschichtsforschung aufbauen können.
- Man schreibt Ihnen, daß es leider (z.B. infolge zu starker Arbeitsbelastung) nicht möglich sei, die Urkunde herauszusuchen, daß Sie aber gerne selbst vorbeikommen und die Kirchenbücher vor Ort durchsehen können. Diese Möglichkeit sollten Sie unbedingt nutzen! Bei der Durchsicht der Kirchenbücher können Sie nicht selten eine ganze Anzahl weiterer Vorfahren und ihre Geschwister mit den wichtigsten Lebensdaten, Berufsbezeichnungen usw. ermitteln und damit das Mosaik familiengeschichtlicher Zusammenhänge ein ganzes Stück weiter vervollständigen.
- Man teilt Ihnen mit, daß sich die Kirchenbücher aus der fraglichen Zeit nicht mehr im Pfarramt befin-

KIRCHENBÜCHER

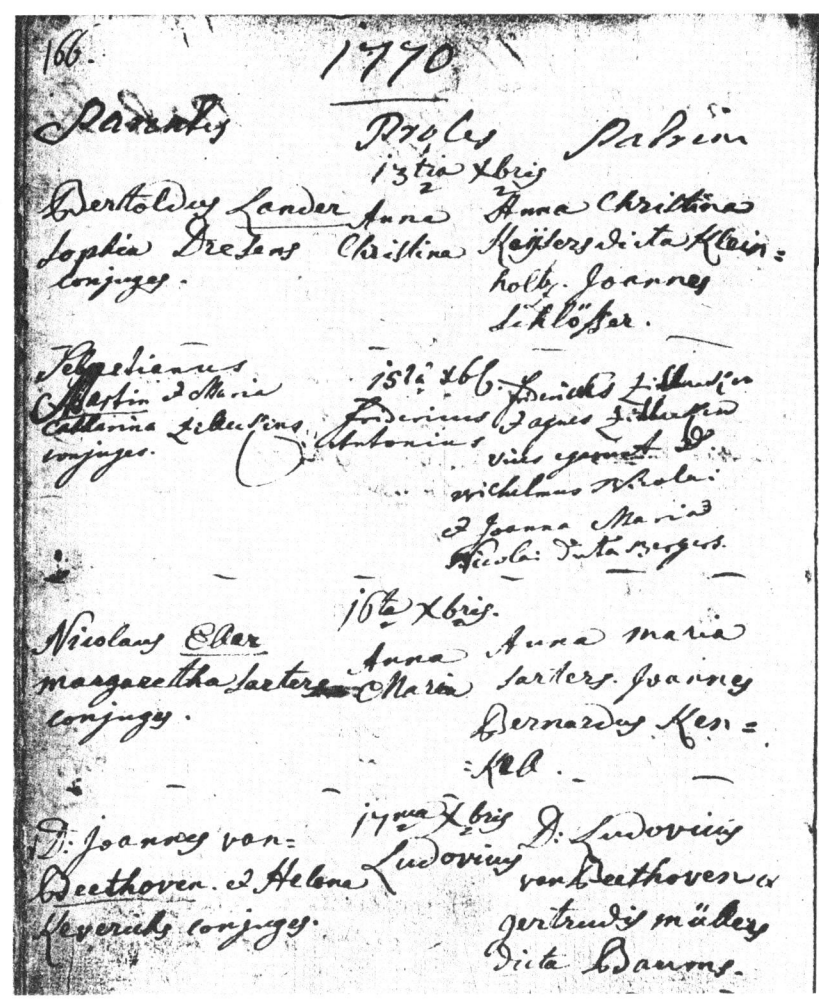

Die Taufe Ludwig van Beethovens (1770–1827) wurde in lateinischer Sprache im Kirchenbuch von St. Remigius, Bonn, vermerkt.
Der Text lautet:

D:(ominus) Johannes van Beethoven et Helena Keverichs conjuges.	17ma X^{bris} Ludovicus	D:(ominus) Ludovicus van Beethoven et gertrudis müllers dicta Baums.
(Eltern)	(Sprößling)	(Paten)

den, sondern an das zuständige Bistums- bzw. Landeskirchenarchiv, ein staatliches oder städtisches Archiv oder eine ähnliche Stelle abgegeben wurden. In diesem Fall wissen Sie, wo Sie weitersuchen müssen.
- Sie erhalten überhaupt keine Nachricht. Dann empfiehlt es sich, nach einigen Wochen noch einmal (höflich!) nachzuhaken und an die Anfrage zu erinnern. Nicht jede Nichtbeantwortung zeugt von einer negativen Einstellung des Pfarrers oder der Pfarramtssekretärin zur Genealogie, allzu ungeduldige Briefe oder Anrufe von Familienforschern können eine solche Haltung jedoch nach und nach erzeugen. Bleibt allerdings auch die zweite Anfrage nach einigen weiteren Wochen immer noch ohne Resonanz, sollte man sich an das zuständige Archiv der Landeskirche bzw. des Bistums wenden, wo sich unter Umständen Zweitschriften oder Verfilmungen des gesuchten Kirchbuches befinden können.

Geht man vom günstigsten Fall, der Übersendung einer Kopie der gewünschten Urkunde, aus, so ergeben sich aus den darin enthaltenen Angaben naturgemäß weitere Fragen: Wann zum Beispiel wurden die Eltern des in der Urkunde genannten Vorfahren geboren, wann heirateten und wann starben sie? Wie hießen wiederum deren Eltern? Da man auch von einem Pfarramt, das gegenüber Problemen der Familienforschung aufgeschlossen ist, auf Dauer nicht erwarten kann, daß es immer wieder neue Einzelanfragen beantwortet, führt letztlich (ebenso wie bei der oben angedeuteten zweiten Möglichkeit) kein Weg an der eigenen Einsichtnahme in die Kirchenbücher vorbei. Die familienkundliche Forschung erreicht damit einen neuen, aber mit einiger Vorbereitung und Übung durchaus zu bewältigenden Schwierigkeitsgrad.

Zunächst muß man wissen, daß die Kirchenbücher in der Regel nicht die Daten von Geburt und Tod, sondern die der damit zusammenhängenden sakralen Handlungen – Taufe und Beerdigung – nennen. Die Unterschiede sind jedoch meist nur minimal: normalerweise wurden die Kinder ein oder zwei Tage nach der Geburt getauft, in einigen Fällen war der Tag der Geburt auch der Tag der Taufe. Beerdigungen erfolgten fast immer spätestens drei Tage nach dem Tod. Bei den Trauungen entfallen solche Abweichungen natürlich. Erst für die Zeit nach Einführung der Zivilehe (die aber wiederum in den standesamtlichen Registern verzeichnet ist) muß auch bei Eheschließungen von zwei Daten ausgegangen werden, da die kirchliche Trauung oft erst einige Tage nach dem Heiratsakt auf dem Standesamt stattfand.

Während die Kirchenbücher in protestantischen Gemeinden in deutscher Sprache gehalten sind, findet sich in den katholischen Pfarreien bis ins ausgehende 19. Jahrhundert noch das Lateinische. Bei bestimm-

KIRCHENBÜCHER

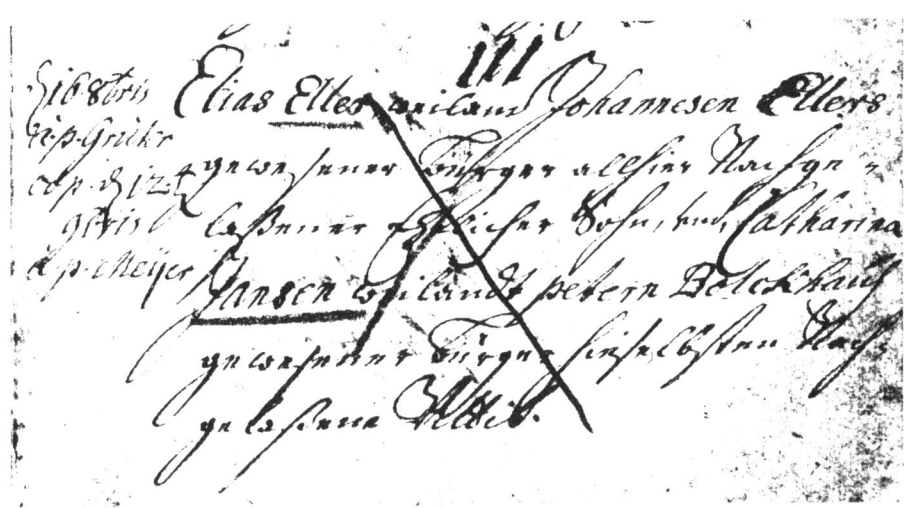

Kirchenbucheintragung in deutscher Sprache. Es handelt sich um Elias Eller, (1690–1750), den Gründer der Stadt (Wuppertal-)Ronsdorf. Der Text lautet:

d.(en) 16. 8bris (Octobris)
a.p.(astore) Grüter
cop.(uliert) d.(en) 12.ten
    9bris (Novembris)
a.p.(astore) Meyer

Elias Eller, weiland Johannesen Ellers gewesener bürger allhier Nachgelaßener Ehelicher Sohn, und Catharina Jansen weilandt petern Blockhaus gewesener bürger hieselbsten Nachgelaßene Wittib.

ten Minderheitengruppen, etwa den aus Frankreich stammenden (evangelischen) Hugenotten, sind die Urkunden oft noch über längere Zeit hinweg in der Sprache des jeweiligen Herkunftslandes ausgestellt. Da es sich aber stets um gleichartige Vorgänge – Taufe, Trauung, Beerdigung – handelte, sind Struktur und Wortschatz der Eintragungen weitgehend gleich und daher überschaubar. Wechselnde Ausdrücke tauchen fast nur bei den Berufsbezeichnungen und – in den Beerdigungsurkunden – bei der Benennung der jeweiligen Todesursachen auf. Insbesondere für die in Latein gehaltenen Kirchenbücher gibt es jedoch mittlerweile eine Reihe von Tabellen, Übersichten usw., aus denen die deutsche Übersetzung der Verwandtschafts-, Berufs- und Krankheitbezeichnungen zu entnehmen ist. Jeder Familienforscher, der eigene Kirchenbuchstudien betreibt, sollte sich eine solche Übersicht für den Anfang zulegen, zumal das Kirchenlatein sich in einer Reihe von Punkten vom klassischen Latein unterscheidet und daher

FAMILIENFORSCHUNG

Deutsche (gotische) Schrift

schulische Vorkenntnisse nicht in jedem Fall weiterhelfen. Im übrigen spielt Übung eine große Rolle: wer eine gewisse Zeit lang in alten Kirchenbüchern geforscht hat, wird schließlich immer seltener auf Übersetzungen und ähnliche Hilfen angewiesen sein.

Neben der Sprache stellt vor allem die *altertümliche Schrift* ein Problem für den Anfänger dar. Das gilt in besonderem Maße für Familienforscher aus der Nachkriegsgeneration, die die alte deutsche Schreibschrift in der Schule nicht mehr oder nur noch ganz oberflächlich kennenlernten. Mehr noch als die fremden Sprachen ist die alte Schrift durch Übung zu bewältigen. Hat man erst einmal eine Reihe von Urkunden mit dem anfangs noch völlig ungewohnten Schriftbild durchgearbeitet, wird das Lesen allmählich zur Routine und geht immer flüssiger. Die Schwierigkeiten werden wieder größer, wenn man weiter, zum Anfang des 18. Jahrhun-

derts und in noch frühere Zeiten, zurückgeht: nun hat man es nicht mehr mit der (vielen Älteren noch gut bekannten) deutschen Schreibschrift zu tun, sondern mit erheblich ungewohnteren Schrifttypen. Außerdem ändert sich mehr und mehr die Schreibweise von Wörtern. Auch diese Probleme lassen sich mit etwas Übung und Geduld überwinden, doch sollte man sich das eine oder andere schriftkundliche Nachschlagewerk zulegen, wobei es einige gibt, die speziell auf die Interessen von Familienforschern zugeschnitten sind (siehe Literaturverzeichnis). Gerade für jüngere Familienforscher dürften die Einführungsmaterialien und Übungshefte zur deutschen Schreibschrift interessant sein, die vom »Bund für Deutsche Schrift« herausgegeben werden.

Viele Familiengeschichtsforscher fragen sich zu Beginn ihrer Arbeit oft, wo überall Kirchenbücher zu finden und einzusehen sind. In der

Tat sind die entsprechenden Regelungen recht unübersichtlich. Im 19. Jahrhundert mußten in den meisten Gebieten, in denen vor 1876 noch keine Standesamtsregister existierten, von den Pfarrern Zweitschriften der Kirchenbücher angefertigt werden, die sich heute fast alle in den zuständigen Staatsarchiven befinden. Die Erstschriften sowie die älteren Kirchenbücher sind leider nicht zentralisiert. Sie verteilen sich auf die verschiedensten Archive von Ländern, Städten und Gemeinden, Bistümern, Landeskirchenverwaltungen, Dekanaten und Pfarreien. Diese Zersplitterung der Kirchenbuchbestände ist für den Familienforscher sicher ärgerlich und führt immer wieder zu Fehlanfragen und Unsicherheiten. Eine Hilfe bei der Suche bieten die für eine Reihe von Regionen bestehenden Kirchenbuchverzeichnisse, die zum Teil auch in gedruckter Form in größeren Bibliotheken eingesehen werden können. Doch hat die Dezentralisierung der Bestände auch einen durchaus positiven Effekt: im Falle von Kriegen, Katastrophen usw. kann immer nur ein Teil der Kirchenbücher zerstört werden, während bei einer Zusammenfassung an einem Ort die Gefahr der vollständigen Zerstörung gegeben wäre.

Eigenes Arbeiten mit Kirchenbüchern setzt ein gewisses Verständnis für die Belange und Interessen der Institutionen voraus, in denen diese Materialien gelagert sind. So empfiehlt es sich, in Pfarrhäusern grundsätzlich nur werktags anzufragen und keine Besuche an Tagen vor hohen kirchlichen Festen oder an Samstagen einzuplanen. Sowohl bei den Pfarrern als auch bei den Archivaren sollte man berücksichtigen, daß ihr Verhältnis zur Familienforschung nicht in allen Fällen positiv und aufgeschlossen ist. Die Gründe dafür sind vielfältig. Das negative Image der »Ahnenforschung« in den ersten Nachkriegsjahrzehnten, das gerade auf Geistliche und Archivbedienstete der jüngeren und der mittleren Generation prägend wirkte, spielt dabei ebenso eine Rolle wie die Tatsache, daß die Unterstützung für den Familienforscher eigentlich nur einen kleinen Teilbereich im Tätigkeitsfeld dieser Berufsgruppen ausmacht und infolge der Arbeitsbelastung in anderen Bereichen oft als ausgesprochen lästig angesehen wird. Schlechte Erfahrungen mit solchen Familienforschern, die an diese Gegebenheiten mit zuwenig Verständnis und Behutsamkeit herangehen und statt dessen meinen, bei ihrem Besuch Pfarrhaus oder Archiv gewissermaßen für sich allein gepachtet zu haben, tun ein übriges. In den Archiven gilt – ebenso wie in den Pfarrämtern – daß man den Besuch vorher anmelden sollte. Darüber hinaus ist es ratsam, mit dem Anmeldeschreiben auch gleich die Anfrage zu verbinden, ob das gesuchte Material sich überhaupt im Hause befindet (bzw. befinden könnte). So kann man sich überflüssige Kosten, zum Beispiel für eine vergebliche Anreise, ersparen.

Wird die Hilfeleistung von Archivbediensteten in Anspruch genommen – ganz gleich, ob es sich um schriftliche Anfragen mit der Bitte um Kopien oder um Hilfe beim eigenen Studium in Kirchenbüchern während eines Archivbesuches handelt –, ist mit der Zahlung von Gebühren zu rechnen. Für eine Stunde Sucharbeit verlangen die meisten Archive einen Satz von etwa 50,- bis 60,- DM. Wer eine schriftliche Anfrage stellt, sollte sich außerdem noch auf Kopier- und Versandkosten einstellen, wobei für Kopien Beträge zwischen -,50 und 1,- DM pro Blatt üblich sind. Wird mit der Anfrage gleich eine Anzahlung, etwa durch Beilegen eines Verrechnungsschecks, geleistet, ist das ein Zeichen von gutem Willen, das sich unter Umständen sehr positiv auf die Bearbeitung auswirken kann.

In einigen Archiven ist die unmittelbare Einsicht in die Kirchenbücher selbst nicht möglich. Teilweise hat man dort aber Lesegeräte aufgestellt, in denen Mikroverfilmungen der Urkunden angesehen werden können. Im Interesse einer Erhaltung der alten, oft schon beschädigten und brüchig gewordenen Unterlagen ist diese Maßnahme durchaus verständlich.

Ein besonderes Problem bilden bestimmte religiöse und weltanschauliche Minderheiten, die in den Kirchenbüchern meist nicht erfaßt werden. Das gilt für die Mennoniten, die Juden und die Dissidenten.

Für die *Mennoniten* ist genealogische Forschungsarbeit zum Teil im Rahmen des »Mennonitischen Geschichtsvereins« (siehe Anschriftenverzeichnis) geleistet worden. Für den *jüdischen Bevölkerungsteil* gibt es seit Beginn des 19. Jahrhunderts eine staatlich angeordnete Matrikelführung in denjenigen Gebieten, die erst nach 1875 die standesamtlichen Register einführten. Zum Teil sind diese Matrikeln in Landes- oder Staatsarchiven noch erhalten. Die älteren, von den jüdischen Gemeinden selbst (in hebräischer Schrift) geführten Beschneidungs-, Heirats- und Beerdigungsverzeichnisse haben nur geringen Wert für die Familienforschung, da die jüdischen Familiennamen meist erst um 1800 eine feste Form annahmen und vorher häufig wechselten. Diese älteren Verzeichnisse befinden sich, soweit sie nicht durch Maßnahmen des NS-Regimes oder durch Kriegseinwirkungen zerstört wurden, im jüdischen Zentralarchiv in Jerusalem.

Ausgesprochene *Dissidentengruppen* auf zum Teil nichtchristlicher Grundlage bildeten sich erst seit den vierziger Jahren des letzten Jahrhunderts heraus (Deutschkatholiken, Freigemeinden, Freireligiöse, seit dem Ende des 19. Jahrhunderts atheistische Freidenkerorganisationen). Ihre Mitglieder traten aus den traditionellen Glaubensgemeinschaften aus oder wurden aus ihnen ausgeschlossen. In Gebieten, in denen eine standesamtliche Registerführung bestand, ist die Forschung nach Vorfahren aus diesen Personengruppen kein Problem. In den übrigen Regionen ist man für die Zeit vor 1876 auf die zum Teil noch vorhandenen Mitgliederbücher der deutschkatholischen (später: freireligiösen) Gemeinden angewiesen, die oft auch Geburten, Lebens- und Jugendweihen, Trauungen und Sterbefälle verzeichnen. Eine Übersicht über die noch bestehenden örtlichen Gemeinden kann beim »Bund Freireligiöser Gemeinden Deutschlands (BFGD)« angefordert werden (siehe Anschriftenverzeichnis).

Kirchenbücher eigener Art wurden vor allem in Preußen, *beim Militär,* geführt. In ihnen sind die Personenstandsangelegenheiten der Offiziere und Soldaten verzeichnet. Zu unterscheiden sind dabei Regiments- und Garnisonskirchenbücher. Die Regimentskirchenbücher wurden bei einzelnen Truppenteilen geführt, die im Felde standen, während die der Garnisonen alle Vorgänge unter den Militärpersonen eines bestimmten festen Standortes registrierten. Bei beiden Typen kam es jedoch hin und wieder vor, daß auch Soldaten, die nicht zum jeweiligen Regiment oder Standort gehörten, aufgenommen wurden.

Die meisten noch erhaltenen preußischen Militärkirchenbücher befinden sich heute im »Geheimen Staatsarchiv Preußischer Kulturbesitz« in Berlin. Die Militärkirchenbücher der anderen historischen deutschen Staatengebilde sind weitgehend in den zuständigen Landesarchiven aufbewahrt. Über das schwierige Thema der Militärgenealogie und ihrer Quellen gibt es mehrere Einführungen und Übersichten, deren Lektüre sich für alle empfiehlt, die bei ihrer Familienforschung auf Berufssoldaten unter den Vorfahren stoßen.

Adreßbücher, Lokalzeitungen, Einwohnermelderegister

Nicht nur in den Standesamtsregistern und in den Kirchenbüchern finden sich Hinweise auf die Vorfahren. Es gibt noch eine weitere schriftliche Quellengruppe, die verhältnismäßig gut zugänglich und erschließbar ist. Zu ihr gehören Adreßbücher, Jahrgangsbände lokaler Zeitungen und Melderegister.

Die *Adreßbücher* gingen aus den sogenannten Adreßkalendern hervor, die in Deutschland erstmals zu Beginn des 18. Jahrhunderts auftauchten und zunächst ein Kalendarium sowie ein Einwohnerverzeichnis der jeweiligen Stadt enthielten. Im 19. Jahrhundert verschwand allmählich der Kalenderteil. Gleichzeitig begannen immer mehr Städte, Adreßbücher herauszugeben. In größeren Städten erschienen sie meist im Abstand von nur wenigen Jahren, in Berlin zum Beispiel wurde ab 1820 ein jährliches Erscheinen eingeführt. Kreisadreßbücher, die auch die Einwohnerschaft ländlicher Gebiete erfaßten, begannen sich erst im 20. Jahrhundert durchzusetzen.

Der Wert eines Adreßbuches für die Familienforschung liegt vor allem auf biographischem Gebiet. So läßt sich zum Beispiel anhand dieser Anschriftenverzeichnisse in einer Reihe von Fällen das Vorkommen eines

Seite aus dem Adreßbuch 1907 der Stadt Wiesbaden. Der Geh. Reg.-Rat Prof. Dr. Konrad Duden (1829–1911), Verfasser des »Vollständigen orthographischen Wörterbuchs der deutschen Sprache« (1880), wird als Bürger der Stadt aufgeführt.

bestimmten Namens in einer Stadt schon feststellen, ehe dieser Name in den standesamtlichen Registern oder den Kirchenbüchern auftaucht. Der junge Handwerksmeister, der 1820 nach Berlin zog, kommt dort spätestens ein Jahr danach im Adreßbuch vor, seine Ehe wurde dagegen vielleicht 1825 geschlossen, so daß er im Kirchenbuch erst fünf Jahre nach seiner Niederlassung verzeichnet wird. Auch läßt sich der Weg eines Vorfahren innerhalb einer Stadt aus den Adreßbüchern rekonstruieren: wo wohnte er 1830, 1840, 1850 usw.? Wie war seine (in den Adreßbüchern jeweils wiedergegebene) Berufs- und Rangbezeichnung im Laufe der Jahre und Jahrzehnte? Somit liefert das Adreßbuch gewissermaßen »Fleisch« zu dem trockenen Skelett der reinen Lebensdaten (Geburt, Heirat, Tod), die aus den standesamtlichen bzw. kirchlichen Personenstandsunterlagen ermittelt wurden.

Andererseits machen die Adreßbücher in der Regel keine Angaben über die Kinderzahl und verzeichnen oft nur den Haushaltungsvorstand. Erst durch die Kombination von Kirchenbüchern bzw. Standesamtsakten auf der einen, Adreßbüchern auf der anderen Seite beginnt der Lebensweg der ermittelten Vorfahren nach und nach plastischer zu werden.

Die Adreßbücher sind in den meisten Städten in den jeweiligen Stadtbüchereien einzusehen. Ein (allerdings unvollständiges) nach Orten aufgegliedertes Verzeichnis der Adreßbücher im deutschsprachigen Raum findet sich im »Taschenbuch für Familiengeschichtsforschung« von Wolfgang Ribbe und Eckart Henning (siehe Literaturverzeichnis).

Biographisch aufschlußreich sind auch die *Lokalzeitungen*. Sie enthalten Artikel der verschiedensten Art über kommunalpolitische Ereignisse, Vereinsaktivitäten, wichtige Geschehnisse des örtlichen Wirtschaftslebens usw., in denen unter Umständen einzelne Vorfahren erwähnt werden. Die in den Zeitungen abgedruckten Familienanzeigen stellen eine weitere aufschlußreiche Quelle dar. Sie geben zum Beispiel Auskunft darüber, wer beim Tod eines Vorfahren als Hinterbliebener genannt wurde, wo die Beerdigung stattfand usw. Der redaktionelle Teil der Lokalzeitungen ist in einigen städtischen Archiven nach thematischen Stichworten erschlossen (»Kriegerverein von 1871«, »Maschinenfabrik Meyer«, »Stadtrat von 1878« usw.). Die Zeitungen selbst sind jahrgangsweise in Stadtarchiven, zum Teil in Landesarchiven und manchmal bei den heute noch in den jeweiligen Städten bestehenden Zeitungsverlagen gesammelt und normalerweise einsehbar.

Einwohnermelderegister wurden und werden bei den örtlichen Polizeidienststellen geführt. Sie verzeichnen die Zu- und Fortzüge sowie die Wohnungswechsel innerhalb eines Ortes. Die Registerunterlagen, zum Teil auch noch aus dem 19. Jahrhundert, sind archiviert und können bei

Darlegung berechtigter Gründe und unter Beachtung der Datenschutzrichtlinien eingesehen werden. Zwecke der Familiengeschichtsforschung werden meistens ohne allzu lange Diskussionen als berechtigte Gründe akzeptiert. Die Forschung in den Melderegistern ist dann besonders wichtig, wenn ein Vorfahre plötzlich in einer Stadt auftauchte, sich bei den Standesämtern bzw. in den Kirchenbüchern aber keine Hinweise auf seinen Herkunftsort finden lassen. Auch im umgekehrten Fall – ein Vorfahre wird jahrelang in einem Ort erwähnt, sein Tod ist dort aber nicht verzeichnet – können die Melderegister wichtige Aufschlüsse geben.

Dingliche Quellen

In den vorangegangenen Abschnitten war bisher ausschließlich von schriftlichen Quellen zur Familienforschung die Rede. Es gibt darüber hinaus aber auch verschiedene Quellen nichtschriftlicher Art, die wichtige Hinweise auf das Leben der Vorfahren geben können. Gerade wenn es darum geht, mehr Informationen zu sammeln als nur die wichtigsten Lebensdaten, können die nichtschriftlichen oder dinglichen Quellen eine Reihe von Hinweisen und Eindrücken vermitteln: handelt es sich doch zum Teil um Gegenstände, mit denen die Vorfahren täglich umgingen, die sie anfertigten oder die sonst in einer wichtigen Beziehung zu ihnen standen.

Das Spektrum der dinglichen Quellen ist sehr breit. Kleidungsstücke gehören dazu (zum Beispiel die in manchen Familien üblichen und zuweilen noch erhaltenen Taufkleider, aber auch Trachtenteile, die Stiefel, in denen der Urgroßvater vielleicht aus dem Ersten Weltkrieg heimkam usw.), ebenso Möbel, Waffen, Schmuck und ähnliches. Auf Möbeln sind manchmal die Namen oder die Initialen von Vorfahren eingeschnitzt, auf Waffen (zum Beispiel alten Säbeln) eingraviert. Schmuck vererbt sich oft über viele Generationen hinweg, gerade mit ihm verbinden sich mancherlei Familienerinnerungen und Erzählungen.

Eine besonders wichtige dingliche Quelle stellen Bilder dar. Sie vermitteln uns das Äußere der Vorfahren, einen Eindruck von ihren Gesichtszügen, ihrem Körperbau und ihrer Kleidung. Bilder sollten in der Sammlung familiengeschichtlichen Materials sorgfältig archiviert und besonders gut vor schädlichen äußeren Einwirkungen (Einfall von Sonnenlicht, Staub, Nässe usw.) geschützt werden. Es empfiehlt sich, sie auf der Rückseite mit kurzen Erläuterungen zu den dargestellten Personen zu versehen, zur Schonung des Bildes nimmt man diese Eintragungen am besten mit einem Bleistift vor. Auch Bilder aus der Gegenwart sollte man entsprechend markieren, denn auch sie werden vielleicht einmal zur Quelle familiengeschichtlicher Forschungen späterer Generationen.

Zu den dinglichen Quellen gehören selbstverständlich auch Häuser, in

Man sollte die Hoffnung nie aufgeben, auch in der eigenen Familie auf uralte Fotos zu stoßen. Aufnahme aus dem Album »Herr Pflugbeil und seine Frau«, um 1860.

FAMILIENFORSCHUNG

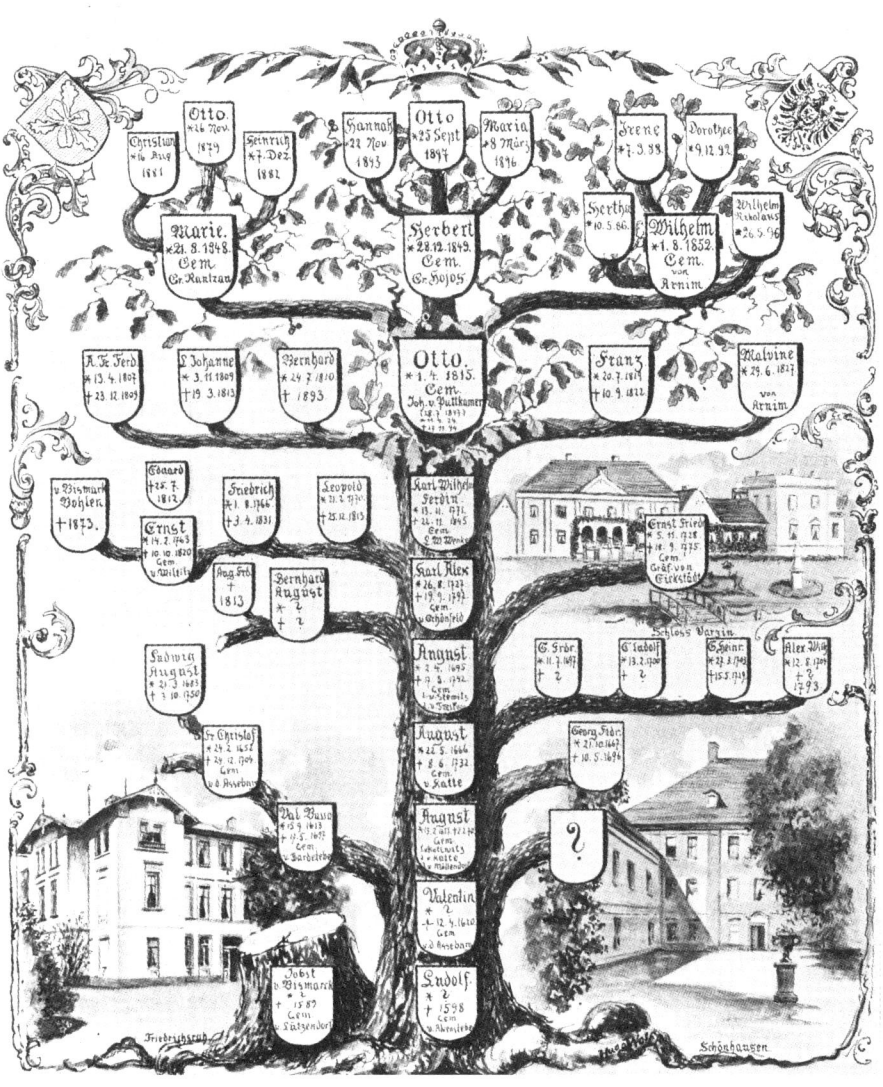

Eine wichtige dingliche Quelle stellen Häuser aus dem Besitz der Familie dar. Der historische Stammbaum Bismarcks (1815–1898) bildet auch das Geburtshaus in Schönhausen (Altmark) und den Altersruhesitz Friedrichsruh ab.

denen einmal Vorfahren wohnten, die ihnen vielleicht gehörten und in denen in manchen Fällen auch heute noch ein Zweig der Familie wohnt. Sie verschaffen, soweit sie nicht durch allzu drastische Umbaumaßnahmen in ihrem Erscheinungsbild verändert wurden, einen guten Eindruck von der konkreten Lebensumwelt der einzelnen Vorfahren und ihrer Zeitgenossen. Hausinschriften und Hausmarken geben Hinweise auf Baujahr und Erbauer des Hauses sowie auf heraldische Bezüge.

Schließlich müssen als wichtige dingliche Quelle auch noch die Grabsteine und Grabdenkmäler genannt werden. Ein Gang über den Friedhof einer Stadt, aus der Vorfahren stammen, wird eine Reihe von bekannten Namen offenbaren, von Namen, die vielleicht zu bisher unbekannten Nebenlinien gehörten: an diesem Punkt kann Interesse zu entsprechenden Nachforschungen erwachen. Die Grabsteine geben unter Umständen auch Aufschluß über Geburts- und Sterbedaten von Vorfahren, die bei Standesamts- und Kirchenbuchforschungen bisher noch nicht zu ermitteln waren. Allein durch ihre Größe und Gestaltung verraten sie einiges über den sozialen Stand und den ästhetischen Geschmack der Verstorbenen bzw. der Hinterbliebenen und ihre Einstellung zur Tatsache des Todes. Dingliche Quellen können sich noch im Familienbesitz befinden und in dem einen oder anderen Fall sogar überhaupt erst zum Studium

Grabstein auf dem Friedhof in Asbach im Gebiet der ehemaligen kurkölnischen Ämter Linz und Altenwied. Text der Grabinschrift:

ANO 1744 DEN 15
AVGVST IST IM HERREN ENTSCHLAFFEN
PAVLVS WALLAV SCHMID VND CHORCOLL-
NISCHER AMBTS ALTEWITTISCHER VOGT-
SCHEFF VON GRIESEMBACH. SELIG SEIND
DIE TODEN DIE IM HERREN STERBEN
Apog 14 V 13.

der Familiengeschichte angeregt haben. Andere haben den Eigentümer gewechselt (z.B. Häuser), einige mögen mittlerweile zum Inventar von Museen gehören. Ihr hauptsächlicher Wert für die Familienforschung liegt weniger in der Vermittlung der zentralen Daten über Geburt, Heirat

FAMILIENFORSCHUNG

und Tod als vielmehr in dem sinnlichen Eindruck, den sie dem Betrachter von Lebensumständen und Alltagswelt seiner Vorfahren verschaffen. Sie stellen somit eine wichtige Ergänzung des schriftlichen Quellenmaterials dar und sollten, soweit sie sich überhaupt noch in Familienbesitz befinden, äußerst pfleglich behandelt, auf einer Liste inventarisiert und durch Hinweise auf den Personenstammblättern soweit wie möglich den einzelnen Vorfahren zugeordnet werden.

Till Eulenspiegel starb vermutlich 1350 in Mölln (in Lauenburg) und wurde dort beigesetzt. Der »Grabstein« an der Nicolaikirche in Mölln wurde erst in der 1. Hälfte des 16. Jahrhunderts gestaltet.

Der »tote Punkt« –
Herausforderung für den Familienforscher

Wenn wir die bisher dargestellten Möglichkeiten der Quellenforschung zusammenfassen, ergibt sich folgendes Bild: Ausgangspunkt waren verschiedene Materialien im Familienbesitz, die schriftlicher, aber auch dinglicher Art sein können, sowie Geschichten und Erzählungen, die in der Verwandtschaft kursieren oder an die man sich aus der Jugend erinnert. Aufgrund der so erhaltenen Informationen wurden die ersten Personenstammblätter angelegt. Weitere Forschungen folgten, zunächst bei den Standesämtern und für die Zeit vor ihrer Einführung in den Kirchenbüchern. Die dort jeweils erhobenen Daten wurden erweitert und ergänzt durch die Auswertung anderer schriftlicher Quellen wie beispielsweise Adreßbücher und Zeitungen sowie außerdem von verschiedenen Quellen dinglicher Art.

Mit dieser Arbeitsweise, die vom Bekannten zum Unbekannten, von nahe bei der Gegenwart liegenden Ereignissen bis zu relativ weit in die Vergangenheit zurückreichenden fortschreitet, läßt sich eine Menge erreichen. Die Zahl der Personenstammblätter wird auf hundert oder zweihundert, bei eifriger Kirchenbuchforschung und konsequenter Weiterverfolgung aller Linien sogar auf weit mehr ansteigen können. Neben den Namen und den grundlegenden Lebensdaten der Vorfahren sammeln sich nach und nach auch zahlreiche Informationen biographischer Art an: über Beruf, Kriegsdienst, Ämter, Wohnsitzwechsel, Hausbesitz usw. Doch irgendwann tritt die Situation ein, in der alle genannten Quellen versiegt sind und nichts Neues mehr hergeben. Bei einzelnen Linien kann das schon relativ schnell der Fall sein. Vielleicht weiß man von einem der Urgroßväter noch, wann und wo er heiratete und starb, aber alle möglichen Anfragen bei Pfarreien, Archiven usw. führen nicht zur Ermittlung der Geburtsurkunde bzw. des Taufscheins und damit des Herkunftsortes und der weiteren Vorfahren in dieser Linie. In einem solchen Fall spricht man vom »toten Punkt« – dem Schrecken, aber gleichzeitig der Herausforderung für alle Familienforscher.

Für viele ist es besonders ärgerlich, wenn dieser »tote Punkt«, gerade in der Stammlinie, also der des Vaternamens, relativ früh auftritt, eventuell schon nach nur wenigen Generationen. Andere Linien können vielleicht noch zweihundert Jahre oder länger zurückverfolgt werden, aber bei der Linie, an der man oft besonders interessiert ist, scheint es trotz aller aufwendigen Bemühungen absolut kein Weiterkommen mehr zu geben.

Gründe für das Auftreten von »toten Punkten« gibt es viele: Kirchenbücher, die weiterhelfen könnten, sind möglicherweise durch Kriegseinwirkungen zerstört oder verschollen. Andere Unterlagen befinden sich vielleicht im Ausland, z.B. in den ehemaligen deutschen Ostgebieten, und sind nicht ohne weiteres zugänglich. Ein Vorfahre mag des öfteren seinen Wohnsitz gewechselt haben und man sucht immer wieder am falschen Ort. Ein Pfarrer des 17. oder 18. Jahrhunderts hat eine Eintragung schlichtweg vergessen oder Namen verwechselt. Vielleicht war der eine oder andere Vorfahre ein uneheliches Kind, trug den Namen seiner Mutter und es gibt keinerlei Hinweise mehr auf die väterliche Linie. Spätestens in der Zeit vor der Einführung der Kirchenbücher, in der Regel also vor dem 16. Jahrhundert, enden fast alle Linien in einem »toten Punkt« – mit Ausnahme der meisten Adelsgeschlechter. Mit den verschiedenen in den vorstehenden Abschnitten genannten Arbeitsmethoden und Quellen ist nun nicht mehr weiterzukommen. Neue Wege der Forschung müssen gefunden, neue Quellen erschlossen werden. Der Familienforscher tritt nun in ein neues Stadium seines Hobbys ein: Es beginnt die Familienforschung für Fortgeschrittene.

Familienforschung für Fortgeschrittene

Archivalien

Wenn bisher von Archiven die Rede war, dann nur im Zusammenhang mit Standesamts- und Melderegistern, Kirchenbüchern und alten Jahrgängen der Lokalzeitungen. Die verschiedenen staatlichen und kommunalen, kirchlichen und privaten Archive enthalten aber auch noch eine große Anzahl weiterer Materialien, deren Bezug zur Familiengeschichtsforschung nicht auf den ersten Blick gleich ins Auge springt, deren allmähliche Erschließung jedoch außerordentlich ergiebig sein kann. Hier lassen sich nicht nur Informationen finden, die bei der Überwindung des einen oder anderen »toten Punktes« helfen, sondern auch viele zusätzliche Hinweise auf die konkrete Lebensgeschichte von einzelnen Vorfahren: Fakten also, auf die eine rein schematische Ahnentafel oder Ahnenliste noch verzichten kann, die aber vor allem bei der Erstellung einer Familienchronik mit verarbeitet werden sollten. Die höchst unterschiedliche Herkunft und Art dieser zusätzlichen Quellen macht das Aufspüren und Erschließen zum Teil jedoch weitaus schwieriger, als es bei den Standesamtsregistern und Kirchenbüchern der Fall war.

Zunächst einmal sind die *Bürgerbücher* zu nennen, die vom Mittelalter bis (teilweise) ins 19. Jahrhundert in den Städten geführt wurden. Die Bewohner einer Stadt teilten sich in

ARCHIVALIEN

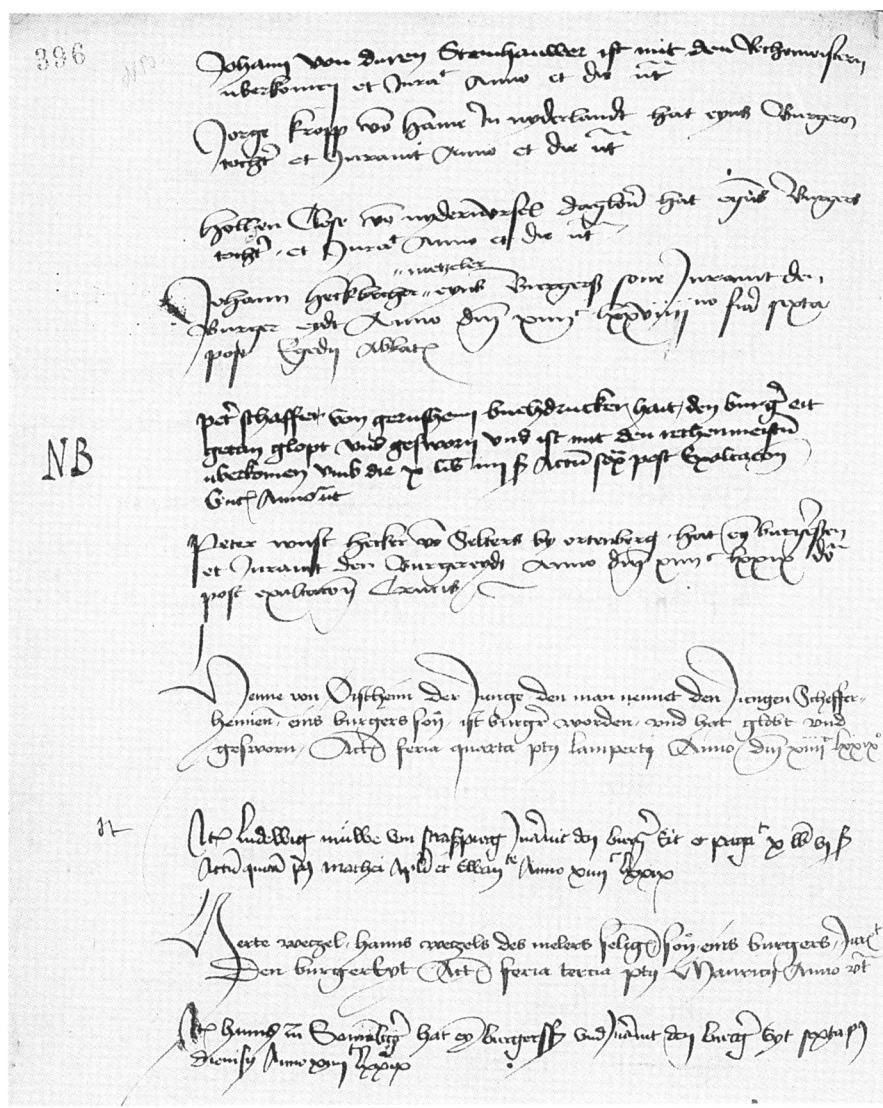

Bürgerbuch der Stadt Frankfurt a. M. aus den Jahren 1440 bis 1500. Der fünfte Eintrag (neben NB für lat. notabene) vermerkt den bedeutenden Inkunabeldrucker – frühe Druckererzeugnisse werden Inkunabeln oder Wiegendrucke genannt – Peter Schöffer (gest. um 1503), einen der ersten Mitarbeiter von Johannes Gutenberg.

zwei große Gruppen: die Bürger (cives) und die Einwohner (incolae). Nur den Bürgern stand das Recht zu, Grund und Boden zu erwerben, ein Gewerbe zu betreiben, städtische Ämter zu bekleiden usw. Der Anteil der Bürger an der gesamten Bevölkerung unterschied sich jedoch von Stadt zu Stadt. Einwohner, die zunächst keine Bürgerrechte hatten, konnten diese unter bestimmten Bedingungen erwerben. Vor allem den Söhnen der Bürger stand ab einem gewissen Alter ebenfalls das volle Bürgerrecht zu.

Die Bürger wurden in besonderen Listen bei der Ratsverwaltung erfaßt, für die sich die Bezeichnung »Bürgerbücher« durchgesetzt hat. Zum Teil mußten besondere Gebühren für den Erwerb des Bürgerrechtes entrichtet werden, die in den städtischen Kämmereien verzeichnet wurden. Diese Kämmereiabrechnungen stellen eine weitere Quelle für personen- und familiengeschichtliche Informationen dar.

Wer das Bürgerrecht beantragte, mußte Auskunft über seinen Heimatort, seine Eltern und sein Gewerbe geben. Kam er aus einer ländlichen Gegend, hatte er auch nachzuweisen, daß er kein Leibeigener, sondern von freier Abkunft war und der Lehnsherr ihn ziehen ließ. Der Großteil dieser verschiedenen Fakten wurde in den Bürgerbüchern verzeichnet.

Die meisten noch vorhandenen Bürgerbücher sind in den zuständigen Stadtarchiven einzusehen, zum Teil allerdings nur in Form von Mikroverfilmungen. Zahlreiche Bürgerbücher wurden im Laufe dieses Jahrhunderts von Familien- und Heimatforschern in liebevoller Kleinarbeit in druckreife Form gebracht und veröffentlicht, sie können daher auch in Bibliotheken eingesehen oder gar (für ein gründliches Durcharbeiten zu Hause) ausgeliehen werden. Nach wie vor erscheinen in verschiedenen Orten neue Bürgerbücher, die dann auch im Buchhandel erhältlich sind. Ein ausführliches, wenn auch nicht ganz vollständiges Verzeichnis von gedruckten Bürgerbüchern und von Zeitschriftenartikeln, die zumindest Auszüge aus Bürgerbüchern enthalten, befindet sich im »Taschenbuch für Familiengeschichtsforschung« von Ribbe/Henning (siehe Literaturverzeichnis).

Die Auswertung von Bürgerbüchern mag über manchen »toten Punkt« hinweghelfen, da es gerade Zugezogene waren, die ausführliche Anträge für den Erwerb der Bürgerrechte zu stellen hatten und daher in den Listen mit ihren jeweiligen Herkunftsorten genannt werden. Was das Kirchenbuch vielleicht nicht verzeichnet, kann im Bürgerbuch einer Stadt durchaus enthalten sein. Die Information über den Herkunftsort ergibt dann den Anknüpfungspunkt, an dem die Forschung weitergetrieben werden kann.

Eine weitere personengeschichtlich interessante Quelle sind *Steuerlisten,* in denen Angaben über Vermögen und Steuerlast der Bewohner ei-

Steuerlisteneintrag des Wilhelm Löhr in Weinbach, Fürstentum Nassau-Weilburg, aus dem Jahre 1770.

ner Stadt oder eines ländlichen Amtes (Vogtei, Meierei usw.) gemacht werden. Sie sind vor allem in biographischer und sozialgeschichtlicher Hinsicht oft sehr ergiebig. Da zum Teil noch Steuerlisten aus der Zeit vor Einführung der Kirchenbücher erhalten sind, können sie Informationen über Vorfahren oder zumindest gleiche Namensträger geben, die in den herkömmlichen familiengeschichtlichen Quellen noch nicht auftauchen.

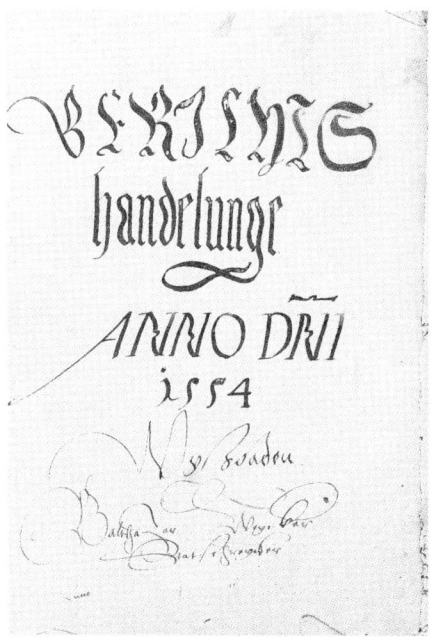

Titelblatt des ältesten erhaltenen Gerichtsbuches der Stadt Wiesbaden. Es wurde im Jahre 1554 angelegt und enthält auf 87 Seiten die Protokolle von 196 Gerichtsverhandlungen an 26 Gerichtstagen. Das Buch schließt mit dem 15. Januar 1560.

Ähnlich aufschlußreich sind auch Gerichtsprotokolle von Straf-, Erbrechts- und ähnlichen Prozessen. Darin werden neben den Angeklagten bzw. den streitenden Parteien meist noch zahlreiche Zeugen mit Namen, Beruf und Wohnort, manchmal auch mit Hinweisen auf vorhandene verwandtschaftliche Beziehungen genannt.

Weiterhin sind die *Untertanenlisten* aus vornehmlich ländlichen Gebieten zu nennen, die die jeweiligen Landesherren von Zeit zu Zeit anfertigen ließen, und die zuweilen auch Angaben über die Familienangehörigen der einzelnen zur Untertanenschaft gehörenden Haushaltsvorstände machen. Auch diese Listen gehen teilweise bis in die Zeit vor der Einführung der Kirchenbücher zurück und bilden somit eine wichtige weiterführende Quelle, wenn bei der Kirchenbuchforschung der »tote Punkt« erreicht ist und man nach neuen Wegen suchen muß.

Steuerlisten und Gerichtsprotokolle sowie Untertanenverzeichnisse sind über zahlreiche Archive verstreut. Die Gerichtsprotokolle und Steuerunterlagen der Städte sind oft (aber keinesfalls immer) in den Stadtarchiven zu finden. Entsprechende Dokumente aus ländlichen Gebieten sowie Untertanenlisten können dagegen in den zuständigen Landesarchiven eingesehen werden. Nach wie vor gibt es auch Privat- oder Hausarchive einzelner adeliger Familien, die früher einmal die Herrschaft in bestimmten Territorien ausgeübt hatten. Dort sind zum Teil

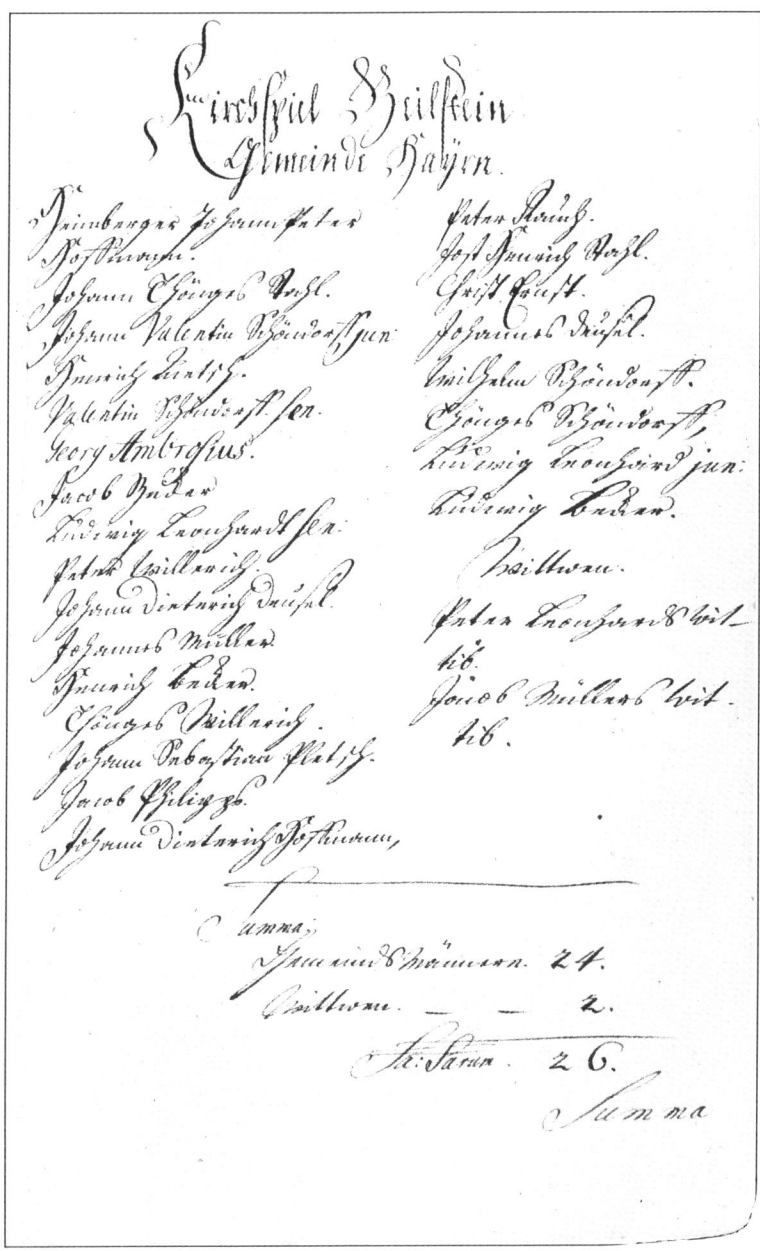

Untertanenliste aus dem Jahre 1740. Verzeichnis der Einwohner in der Gemeinde Haiern im Fürstentum Nassau-Dillenburg.

ebenfalls noch Quellen der genannten Art vorhanden.

Die Beschäftigung mit diesen Quellen setzt voraus, daß man zumindest eine ungefähre Vorstellung davon hat, was man sucht und wo es sein könnte. Taucht zum Beispiel ein Vorfahre erstmals als Kaufmann oder Handwerksmeister im Kirchenbuch einer Stadt auf, ohne daß sich dort Hinweise auf seinen Herkunfts- bzw. Geburtsort finden lassen, sollte der nächste Schritt zur Auswertung des Bürgerbuches jener Stadt führen (falls ein solches in irgendeiner Form – als Original oder als Druck – noch vorhanden ist). Endet eine Linie aus einem ländlichen Gebiet in einem »toten Punkt«, empfiehlt es sich, beim nächstgelegenen Landesarchiv anzufragen, ob Steuer- oder Untertanenlisten des entsprechenden Dorfes, Gerichtsprotokolle des zuständigen Gerichtsbezirkes, usw. im Archiv vorhanden sind. Für den Fall, daß sich dort keine Unterlagen befinden, fügt man am besten noch gleich die Frage an, ob bei der Archivverwaltung eventuell ein anderer Aufbewahrungsort der gesuchten Akten bekannt ist. Die Anfrage sollte möglichst außer der Nennung des Ortes oder Gebietes, zu dem Dokumente gesucht werden, auch eine ungefähre zeitliche Eingrenzung enthalten.

Insgesamt verliert die Forschung auf dieser Stufe ihren weitgehend systematischen Charakter, den sie bei den Standesamtsregistern und den Kirchenbüchern noch hatte. Man ist jetzt in sehr viel stärkerem Maße auf Zufallstreffer angewiesen. Auch kommt es immer öfter vor, daß man auf Personen stößt, die mit dem letzten eindeutig feststellbaren Vorfahren zwar noch den Familiennamen und vielleicht den Wohnort gemein haben, bei denen der genaue Verwandtschaftsgrad aber nicht mehr sicher feststellbar ist. Die Abkunft von diesen Personen kann daher nur vermutet werden.

Eine wichtige zusätzliche Quelle, allerdings nur für einen bestimmten relativ kleinen Personenkreis, sind die früheren *Universitätsmatrikeln*. Sie wurden bis ins 18. Jahrhundert in lateinischer Sprache geführt. In der Regel enthalten sie außer den Namen und dem Alter des Immatrikulierten auch Angaben über den Namen und Stand seines Vaters, den Herkunftsort und die Dauer des Verbleibs an der Universität. Oft umfassen die Matrikel keinesfalls nur die Studenten, sondern auch die Lehrenden der Universität und selbst das allgemeine Dienstpersonal. Zu unterscheiden sind ferner Hauptmatrikel, die für die gesamte Universität geführt wurden, und Nebenmatrikel einzelner Fakultäten. Ebenso wie bei den anderen personengeschichtlichen Quellen sind auch bei den Universitätsmatrikeln bei weitem nicht mehr alle Unterlagen vorhanden. Nähere Auskünfte können die einzelnen Universitäten selbst, die Landesarchive und die regional zuständigen genealogischen Vereinigungen geben. Über die Geschichte der Universitätsmatrikeln und die mit ihnen verbundenen For-

ARCHIVALIEN

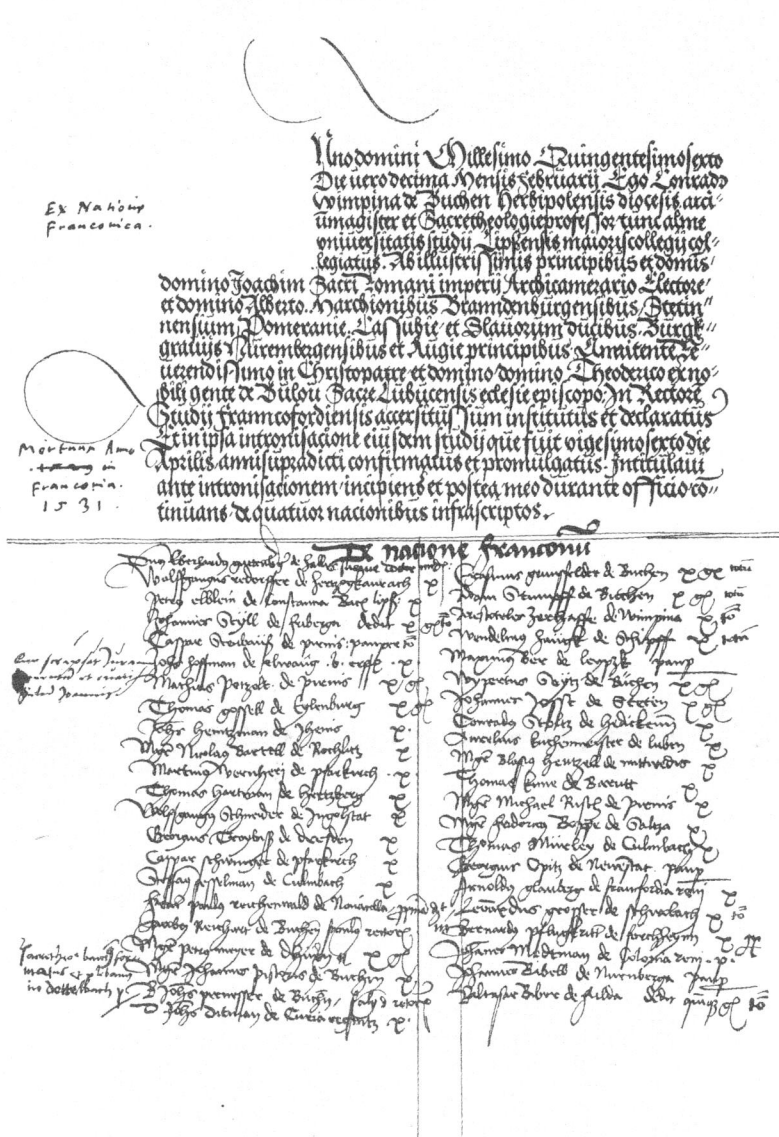

Erste Seite des Matrikelbuches der Universität Frankfurt a. d. Oder, 1506 von Kurfürst Joachim I. gestiftet. Auf der zweiten Seite ist u. a. der Humanist Ulrich von Hutten eingetragen (1488–1523). Im leeren Raum am Anfang fehlt das Initial A (Anno).

schungsprobleme gibt es eine Fülle von weiterführender Spezialliteratur.

Biographisch aufschlußreich sind schließlich auch die sogenannten *Leichenpredigten.* Vor allem zwischen dem 16. und 18. Jahrhundert war es in gebildeten oder gesellschaftlich höhergestellten Schichten in protestantischen Gegenden üblich, bei der Bestattung eine ausführliche Leichenpredigt halten zu lassen, in der Lebenslauf und Verdienste des Verstorbenen gewürdigt wurden. Diese Predigten wurden in vielen Fällen gedruckt und sind in Archiven oder bei genealogischen Vereinen zum Teil gesammelt. Verzeichnisse von gedruckten Leichenpredigten einzelner Regionen können auch in einer Reihe von wissenschaftlichen Bibliotheken eingesehen werden.

Genealogische Literatur und ihre Erschließung

Wichtig ist für jeden Familienforscher die Kenntnis und Auswertung der bereits aufgearbeiteten Quellen über Familien und Vorfahrenlinien, mit denen er sich beschäftigt. Seit über hundert Jahren gibt es genealogische Fachliteratur in Deutschland, und einige tausend Bücher sowie Zehntausende von Zeitschriftenartikeln mit familiengeschichtlichem Inhalt sind seitdem veröffentlicht worden. Es gehört zu den schönsten Momenten in der Familienforschung, wenn man auf einen Artikel, eine gedruckte Ahnenliste oder etwas Ähnliches stößt, was unter Umständen eine Fülle zusätzlicher Informationen über die eigenen Vorfahren offenbart. Hier kann bereits früher geleistete Forschungsarbeit genutzt und eine zeit- bzw. geldaufwendige Doppelarbeit vermieden werden.

Doch stellt sich die Frage: wie kommt man an die entsprechenden Artikel heran? Die familiengeschichtliche Literatur erscheint auf den ersten Blick furchtbar unübersichtlich. Seit dem Ende des letzten Jahrhunderts wurden im deutschen Sprachraum Dutzende, wenn nicht gar Hunderte von genealogischen Fachzeitschriften gegründet. Viele von ihnen sind mittlerweile wieder eingestellt worden, die meisten hatten nur regionale Verbreitung. In jedem Jahrgang einer solchen Zeitschrift wurden einige tausend Familiennamen genannt, selbst in einzelnen Artikeln finden sich manchmal hunderte von Namen. Ähnlich groß sind die Dimensionen bei den familiengeschichtlichen Büchern und Buchreihen.

Bevor man systematisch an die Auswertung dieser Fachliteratur geht, sollte man sich überlegen, was man eigentlich genau von ihr erwartet. So kann es sein, daß man alle Vorkommen eines Namens erfassen will, da man annimmt, daß sämtliche Namensträger miteinander verwandt sind. Bei Namen wie Müller, Meyer oder Schulze wird das sicherlich nicht der Fall sein. Denkbar ist ein solcher Forschungs- und Sammelansatz aber bei einer ganzen Reihe von selteneren Namen. Die Erforschung aller Namensvorkommen in der genealogischen Literatur führt dann zur langsamen Vervollständigung eines Mosaiks, aus dem sich nach und nach die verwandtschaftlichen Zusammenhänge und die Verästelungen einer bestimmten Familie enthüllen können.

Ein anderer und wohl häufigerer Ansatz zielt darauf ab, »tote Punkte« in der eigenen Forschung mit Hilfe der Fachliteratur zu überwinden. Vielleicht hat ja schon ein anderer Forscher (eventuell sogar schon vor Jahrzehnten) den »toten Punkt«, über den man selbst noch nicht hinaus ist, überwunden und seine Ergebnisse veröffentlicht.

Während man beim erstgenannten Ansatz bemüht sein wird, mit der Zeit die gesamte greifbare Fachliteratur zu durchforsten, wird sich die Sache beim zweiten Ansatz auf bestimmte Regionen und die speziell über sie erschienene genealogische Literatur konzentrieren. Wenn zum Beispiel fast alle Vorfahren aus Schwaben stammen und dort auch die »toten Punkte« der Forschung liegen, hat es zunächst wenig Sinn, Literatur über mecklenburgische oder schlesische Familienkunde zu durchstöbern (obwohl sich zu einem späteren Zeitpunkt herausstellen könnte, daß der eine oder andere Vorfahre eben doch nicht aus Schwaben, sondern aus einer ganz anderen Gegend kam). Man wird sich also erst einmal auf die familienkundlichen Veröffentlichungen über Schwaben und eventuell noch einige Nachbargebiete konzentrieren, da dort die Wahrscheinlichkeit am größten ist, die eine oder andere der gesuchten Informationen zu erhalten.

Einen Einstieg in die Materialmenge ermöglichen die *Register,* die zur genealogischen Literatur angelegt wurden. Die meisten Fachzeitschriften veröffentlichen solche Register jeweils für einen Jahrgang oder für mehrere aufeinanderfolgende Jahrgänge. Registeranhänge finden sich auch in den einzelnen Bänden der großen familiengeschichtlichen Buchreihen, etwa des »Deutschen Geschlechterbuchs« oder des »Deutschen Familienarchivs«. Zusammenfassende Register für größere Teile dieser Reihen liegen ebenfalls vor. Diese Register sind in der Regel alphabetisch nach Familiennamen geordnet. Zum Teil gibt es zusätzlich auch noch Ortsregister, die entweder ebenfalls eine alphabetische Gliederung haben oder aber eine Aufschlüsselung nach Regionen, wobei die Ortsnamen innerhalb der Regionen natürlich wieder alphabetisch geordnet sind.

Forscht man nun – um beim oben genannten Beispiel zu bleiben – nach einigen Namen aus dem Schwäbischen, so wird die Literatursuche doch schon überschaubarer. Man wird sich gezielt diejenigen Zeitschriften und Bücher vornehmen, die sich schwerpunktmäßig mit der Region Schwaben beschäftigen, und die dazugehörenden Register auf die gesuchten Namen hin durchsehen. Erst in einem weiteren

FAMILIENFORSCHUNG

»Der Schlüssel« ist für den Familienforscher ein unentbehrliches Registerwerk. Allein der hier abgebildete Band 5 bringt insgesamt 12 326 Titelnachweise aus allen in der Bundesrepublik erschienenen genealogisch-heraldischen Zeitschriften von 1945 bis 1960.

Schritt wird man zu der nicht regional beschränkten Literatur greifen und dort wiederum zunächst die Register überprüfen.
Eine Übersicht über die gesamte Fachliteratur versucht nach und nach das *Registerwerk* »Der Schlüssel« zu geben (siehe Literaturverzeichnis). Die Herausgeber werten systematisch die verschiedensten Zeitschriften und Reihen aus und veröffentlichen jeweils im Abstand von einigen Jahren einen umfangreichen Band mit Namens- und Ortsregister, der zeigt, welcher Name in welcher Zeitschrift oder Reihe wann erwähnt wurde. »Der Schlüssel« ist in verschiedenen Bibliotheken einzusehen und stellt eine unentbehrliche Hilfe für jeden Familienforscher dar.
Die aktuellen Neuerscheinungen werden von den meisten genealogischen Zeitschriften angezeigt und besprochen. Die regionalen Zeitschriften weisen darüber hinaus auch oft auf landesgeschichtliche Literatur über die jeweilige Region hin, sofern diese genealogische Bezüge enthält. Auch stellen sich zum Teil einzelne regionale Zeitschriften gegenseitig vor, so daß der Abonnent einer solchen Publikation zumindest stichwortartig über das informiert wird, was gerade Inhalt benachbarter Blätter ist.
Zur genealogischen Fachliteratur gehören auch die sogenannten »Ortssippenbücher«, mit deren Herausgabe während der NS-Zeit begonnen wurde und deren Inhalt auf der Auswertung von Kirchenbüchern beruht. Seinerzeit war geplant, für alle deutschen Regionen eine eigene Reihe von Ortssippenbüchern herauszugeben, in der nach und nach das gesamte Kirchenbuchmaterial in gedruckter Form vorgelegt werden sollte. Für jeden Ort war dabei ein eigener Band vorgesehen. Der Zweite Weltkrieg

machte diese Pläne schnell zunichte, doch wurde die Idee – gereinigt von ihrem ideologischen Beiwerk – nach dem Krieg teilweise wieder aufgegriffen: einige Reihen wurden weitergeführt.

Zahlreiche Familienforscher in der gesamten Bundesrepublik, in Österreich und in der Schweiz befassen sich außerdem mit der *Verkartung von Kirchenbüchern*. Damit soll der Inhalt der Kirchenbücher in eine für Laien eher durchschaubare Form gebracht werden. Die einzelnen in den alten Urkunden erwähnten Personen werden zu diesem Zweck mit all ihren Daten auf Karteikarten oder Bögen eingetragen. Die Kirchenbuchverkartung war teilweise die Vorstufe zur Herausgabe weiterer Ortssippenbücher (oder, wie man heute zuweilen zeitgemäßer sagt: Einwohnerbücher). Viele von ihnen erschienen auch außerhalb der wenigen noch bestehenden Reihen, z.B. auf Privatinitiative (und manchmal auch auf Kosten) der bearbeitenden Familienforscher oder in Zusammenarbeit und mit Förderung der jeweiligen Gemeinden.

Der Austausch mit anderen Forschern

Der Wunsch, Doppelarbeit zu vermeiden, »tote Punkte« zu überwinden und bereits erarbeitete Ergebnisse für die eigene Forschung nutzbar machen zu können, ist auch die Hauptmotivation für die Zusammenarbeit mit anderen Familienforschern. Es gibt dazu eine Reihe von Möglichkeiten. Zu den wichtigsten zählen die Mitarbeit in einem der genealogischen Vereine und der Besuch entsprechender Zusammenkünfte. Eine andere Möglichkeit eröffnet sich über *Suchanzeigen* in den Fachzeitschriften, insbesondere in den überregional verbreiteten »Familienkundlichen Nachrichten (FaNa)« (siehe Anschriftenverzeichnis).

Den Mitgliedern von genealogischen Vereinigungen steht oft eine *kostenlose Suchanzeige* pro Jahr in der Vereinszeitschrift frei. Die Anzeigenpreise in den FaNa bewegen sich in erträglichen Grenzen und haben einen großen Wirkungsgrad, weshalb diese Zeitschrift außerordentlich stark genutzt wird. Eine andere Zeitschrift, das »Archiv für Sippenforschung« (siehe Anschriftenverzeichnis), veröffentlicht gegen geringes Entgelt laufend Adressen von Familienforschern und deren Suchgebiete.

Weitere Ansatzpunkte für eine Zusammenarbeit mit anderen Forschern sind die von einigen Vereinen herausgegebenen *Mitgliederverzeichnisse*, die neben Namen und Anschrift der einzelnen Mitglieder auch Hinweise auf die jeweiligen Forschungsschwerpunkte (Namen, Orte) enthalten. Die verschiedenen überregionalen Familienforscher-Verzeichnisse, die teilweise in Archiven und Bibliotheken stehen, sind dagegen zur Zeit völlig veraltet und bedürfen dringend einer gründlichen Überarbeitung und Neuauflage.

Zu den Selbstverständlichkeiten im Verkehr mit anderen Familienforschern gehört es, daß man bei Anfragen Rückporto beilegt, ausgeliehene Bücher oder Schriftstücke wieder zurückgibt und sich für die Übermittlung von Daten bedankt. Unangemeldete Besuche oder überraschende Telefonanrufe sind bei vielen unerwünscht, weshalb sich grundsätzlich eine schriftliche Kontaktaufnahme empfiehlt. Unter Beachtung dieser Höflichkeitsregeln kann sich eine gedeihliche Zusammenarbeit zwischen Familienforschern entwickeln, die in manchen Fällen schließlich über die fachlichen Aspekte hinausgeht und zur engen persönlichen Freundschaft werden kann.

Hilfestellung durch genealogische Vereine

Auf die Geschichte und die heutige Organisationsform der genealogischen Vereinigungen ist bereits hingewiesen worden. Mit ihren Sammlungen können sie dem einzelnen, vor allem natürlich dem Anfänger, wertvolle Hilfestellung leisten.
Das beginnt mit den Nutzungsmöglichkeiten für die Archive und Büchereien der Vereinigungen, in denen sich auch viele ungedruckte, sonst nicht zugängliche Materialien befinden, die zum Teil schon vor Jahrzehnten von Mitgliedern zur Verfügung gestellt worden sind. Einige Vereinigungen haben Namenskarteien angelegt, in denen Hunderttausende von Familiennamen aus einer Region zusammen mit dem Nachweis ihrer Nennung verzeichnet wurden.
Die Veranstaltungen und Ausspracheabende der Vereinigungen bieten jedem Familienforscher die Gelegenheit, andere familiengeschichtlich Interessierte kennenzulernen, Erfahrungen und Tips in der praktischen Forschungsarbeit auszutauschen und Vorträge von kompetenten Genealogen und Historikern zu hören. Oft geben die Vereinigungen ihren Mitgliedern auch Hilfestellung gegenüber allzu verschlossenen Beamten und Pfarrern, die die Benutzung von Archivalien unnötig verzögern, erschweren oder verteuern. Schließlich werden fast alle Vereinigungen auf Anfrage gerne Adressen von Personen und Institutionen vermitteln, die bei bestimmten Nachforschungen helfen können. Wie bei den Anfragen an andere Familienforscher sollte man allerdings auch bei den Anfragen an die Vereinigungen niemals vergessen, Rückporto beizulegen.
Der Anschluß an einen genealogischen Verein ist also familiengeschichtlich Interessierten dringend zu empfehlen. Man sollte zumindest dem Regionalverein beitreten, der für die Gegend zuständig ist, in der auch der eigene Forschungsschwerpunkt liegt. Da Doppel- und Mehrfachmitgliedschaften von Seiten der Vereine nichts im Wege steht, kann es in bestimmten Fällen sogar ganz nützlich sein, mehreren Vereinen beizutreten: um so größer ist das Hilfepotential, das der einzelne For-

scher in Anspruch nehmen kann. Bei der Entscheidung für eine Mitgliedschaft sollte man auch den folgenden Aspekt nicht ganz übersehen: je stärker die genealogischen Vereinigungen sind, desto eher ist es ihnen möglich, ihre Aufgaben zu erfüllen, das heißt umfangreiche Sammlungen anzulegen, Fachliteratur herauszugeben, einzelne Familienforscher zu beraten, die Interessen der Genealogie gegenüber Kirchen, Behörden und Archiven zu vertreten usw. Auch wenn man aus der Vereinsmitgliedschaft nicht immer sofort und unmittelbar Vorteile für die eigene Familienforschung ziehen kann, so stärkt sie doch die Genealogie und ihre Belange im allgemeinen und wird dadurch sicherlich längerfristig auch positive Auswirkungen auf die Forschungen des einzelnen familiengeschichtlich Interessierten haben.

Einschaltung eines Berufsgenealogen

Bereits in der Einleitung sind die Möglichkeiten aufgezeigt worden, aus dem Hobby Familienforschung einen Neben- oder gar Hauptberuf zu machen. Stellen wir nun aber einmal umgekehrt die Frage: wann sollte man einen Berufsgenealogen in Anspruch nehmen?
Nützlich ist die Einschaltung eines erfahrenen Berufsgenealogen in jedem Fall dann, wenn familiengeschichtliche Daten und Fakten vornehmlich aus kommerziellen oder juristischen Gründen gesucht werden. Der »Profi« wird schneller und fundierter arbeiten können als der Laie, selbst wenn dieser bereits über einige Anfangserfahrungen verfügen sollte. Doch auch der Hobbyfamilienforscher wird von Fall zu Fall auf die Hilfe eines professionellen Genealogen nicht verzichten können, wenn er sich mit dem selbst Erreichten nicht zufrieden gibt und dringend an der Erforschung bestimmter schwieriger Fragen interessiert ist.

Dies kann beispielsweise dann geschehen, wenn Forschungen in schwerer zugänglichen Archiven vorzunehmen sind, etwa in Schlesien, Pommern, Ostpreußen, Siebenbürgen usw. Es gibt Berufsgenealogen, die sich auf diese Gebiete spezialisiert haben, regelmäßig Forschungsreisen dorthin unternehmen und dabei gerne zusätzliche Aufträge annehmen. Die Inanspruchnahme eines ortsansässigen »Profis« kann auch ratsam sein, wenn man weit vom Ort der benötigten Archivbestände entfernt ist (auch innerhalb der Bundesrepublik, der Schweiz und Österreichs) und umfangreiche Forschungen durch die Archivverwaltung selbst zu hohe Kosten verursachen würden. In dieser Situation sollte man Angebote von Berufsgenealogen einholen und die Kosten-Nutzen-Relation genau durchkalkulieren. Anschriften von Berufsgenealogen finden sich regelmäßig in den verschiedenen Fachzeitschriften und sind im übrigen über die regionalen Vereine zu erfahren.

Was kann die Computergenealogie leisten?

In den letzten Jahrzehnten wurde der Beschäftigung mit dem Alten und ganz Alten, der Genealogie, Hilfe von einer Seite zuteil, die das ganz Neue und Zukunftsweisende verkörpert: der Elektronischen Datenverarbeitung (EDV). Während der Einsatz von Computern in der Genealogie bis vor kurzem jedoch nur eine Angelegenheit weniger Spezialisten war, erfaßt sie mittlerweile immer breitere Kreise der Familiengeschichtsforscher. Dazu hat sicherlich der Einzug von Homecomputern in viele Haushalte beigetragen. Der Computer bietet eine Fülle von Möglichkeiten, die gesammelten familiengeschichtlichen Daten zu erfassen, zu speichern und unter wechselnden Gesichtspunkten abzurufen (zum Beispiel Abruf bestimmter Personen nach Familiennamen oder nach Geburtsort, nach Beruf, nach Konfession, nach Zugehörigkeit zu einer bestimmten Vorfahrenlinie usw.). Sein Einsatz erspart somit viel zeitaufwendiges Blättern und Suchen, macht umfangreiche Strichlisten, Tabellen usw. überflüssig und erleichtert so die Forschungsarbeit. Entsprechende Programme (Software) wurden inzwischen entwickelt, allerdings steht dieser Bereich in den deutschsprachigen Ländern – im Gegensatz etwa zu den Vereinigten Staaten – noch ziemlich am Anfang. Immerhin gibt es seit einiger Zeit auch in der Bundesrepublik eine Zeitschrift für Computergenealogie (siehe Anschriftenverzeichnis).

Man sollte vom Computereinsatz jedoch nicht zuviel erwarten. So kann der Computer zwar bei der Verwaltung und Zusammenstellung von Daten außerordentlich hilfreich sein, es ist ihm jedoch nicht möglich, selbst neue Daten ausfindig zu machen. Hierbei ist nach wie vor die Eigenarbeit des Menschen »vor Ort« gefragt. Daran wird sich nichts ändern, auch wenn künftige Programme noch so perfekt sein sollten.

Auswertung und Darstellung des Materials

Vom Sammeln zum Ordnen

aum ein Familienforscher wird sich auf Dauer damit zufriedengeben, die von ihm gesammelten Daten auf Personenstammblättern zu erfassen oder auf einer Computer-Diskette zu speichern. Schon nach der Anlage einiger Dutzend Personenstammblätter beginnt das Material unübersichtlich zu werden. Das Herstellen von Zusammenhängen erfordert ein umständliches Blättern, eine Darstellung, etwa gegenüber Freunden oder Verwandten, ist kaum möglich. Stammblätter, Karteikarten und auch elektronische Datenträger sind zwar gut zum Erfassen und Speichern von Daten geeignet, wer jedoch eine übersichtliche oder gar repräsentative Darstellung erstrebt, muß über sie hinausgehen und dem Material eine andere Anlage und Ordnung geben.

Folglich gelangt jeder Familienforscher irgendwann an den Punkt, an dem er alles, was bisher erhoben und gesammelt wurde, in eine zusammenhängende Form bringen will. Das kann bei dem einen früher, bei dem anderen später der Fall sein. Allgemein kann man nur empfehlen, nicht zu lange zu warten: es ist besser, eine unvollständige Ahnenliste, und sei es »nur« auf der Grundlage von 80 oder 100 erfaßten Vorfahren, anzufertigen als nie zu einer zusammenhängenden Darstellung zu kommen. Überhaupt, was heißt schon »Vollständigkeit«? Familienforschung hört eben im Grunde nie auf, es kann niemals eine wirklich vollständige Ahnenliste oder -tafel geben, da alle Vorfahren ja ihrerseits auch wieder Vorfahren hatten, die Kette also unendlich ist. Man kann sich ein Ziel setzen, etwa alle Personen bis zur sechsten oder zur siebten Ahnenreihe zu erfassen (davor wird es bei den meisten schwierig), doch eine darüber hinausgehende Vollständigkeit ist weitgehend unerreichbar. Sicher wird man versuchen, mit einzelnen Linien weiterzukommen, aber man sollte realistischerweise erkennen, daß jeder Schritt weiter in die Vergangenheit die Materiallage schwieriger werden läßt und somit der Forschungsarbeit zunehmend Grenzen setzt.

Im folgenden soll auf einige Darstellungsformen eingegangen werden. Für welche man sich entscheidet, bleibt den persönlichen Interessen und Forschungsschwerpunkten des einzelnen überlassen. Sinnvoll sind sie letztlich alle, vermögen sie es

AUSWERTUNG UND DARSTELLUNG

doch, familiengeschichtliche Zusammenhänge deutlich zu machen und in einer auch für Laien verständlichen Weise aufzuzeigen.

Allerdings ist der Schwierigkeitsgrad von Darstellung zu Darstellung recht unterschiedlich; oft kommen auch schmuckhafte Gestaltungselemente hinzu.

Die in allen Darstellungsformen verwendeten *genealogischen Zeichen* haben die Aufgabe, ständig wiederkehrende Ausdrücke zu ersetzen. Sie müssen deshalb gut erkennbar und platzsparend sein. Gebräuchliche Zeichen, von denen es die wichtigsten auch als Schreibmaschinentypen gibt, sind heute:

*	=	geboren
∞	=	verheiratet
†	=	gestorben
(*)	=	außereheliche Geburt
~	=	getauft
○	=	verlobt
□	=	begraben
†*	=	Totgeburt
o/o	=	geschieden
⚔	=	gefallen
o-o	=	uneheliche Verbindung

In älteren Veröffentlichungen finden sich auch:

⚹	=	getauft
⚭	=	geboren
×	=	verheiratet
⚰	=	gestorben
⚱	=	begraben

Stammbaum des bayerischen Herrscherhauses der Wittelsbacher (1180–1918). Aus mehreren kolorierten Holzschnitten zusammengesetzt, Anfang des 16. Jahrhunderts. ▷

Ahnentafel der Familie Pfötsch. Dekorationsstück (beide Innenseiten). ▷

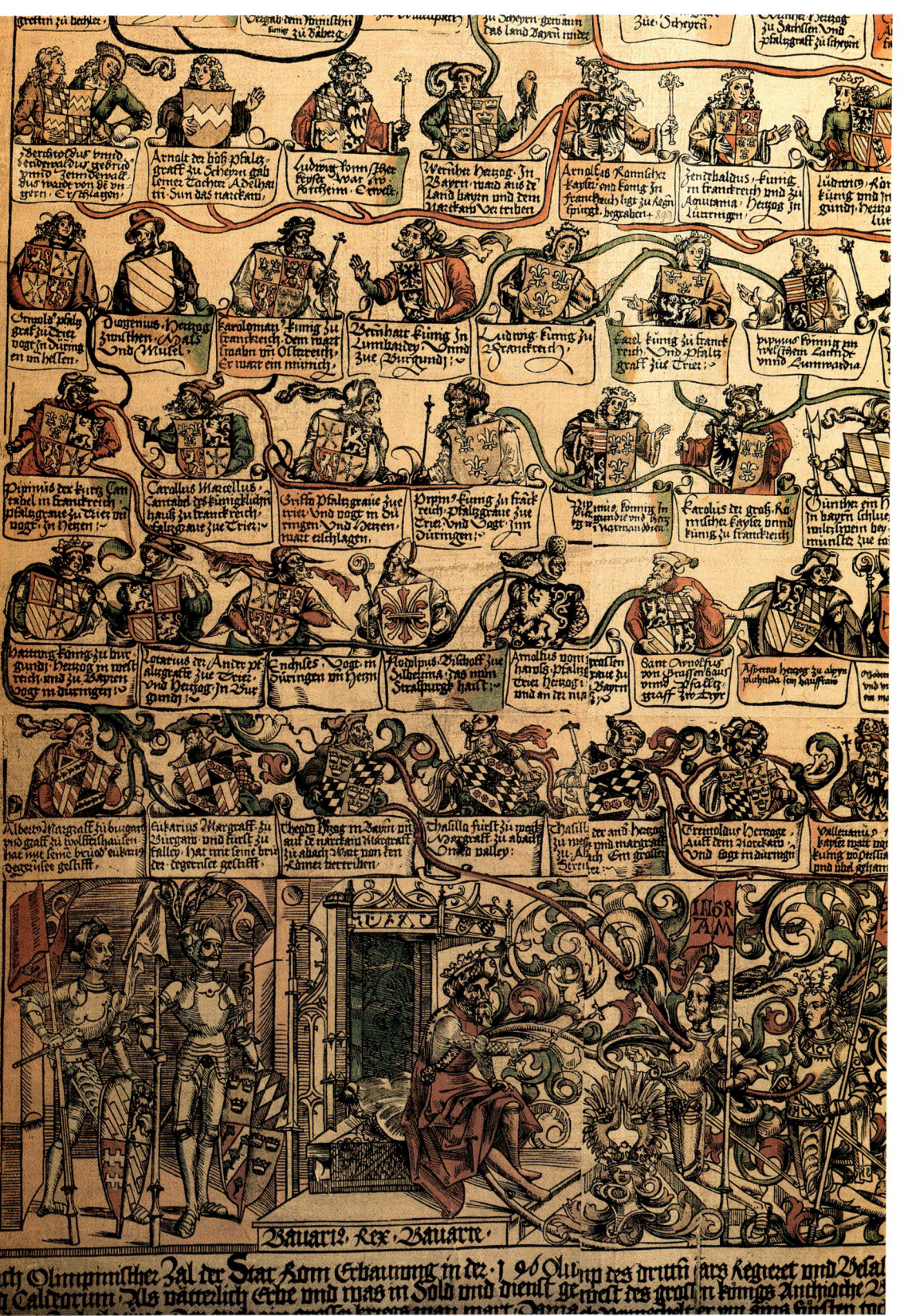

Mörike
Eduard Mörike († 1875),
Dichter.

Zelter
Wappen gestiftet von dem
Komponisten Karl
Friedrich Zelter († 1832),
Entwurf von
Joh. Wolfg. v. Goethe 1829.

von Steuben
Friedrich v. Steuben
(† 1794). Mitbegründer
der amerikanischen
Unabhängigkeit.

von Schiller
Friedrich von Schiller
Dichter († 1805).

von Brentano
Clemens, Dichter († 1842),
Franz, Philosoph († 1917),
Lujo, Nationalökonom († 1931),
Heinrich († 1964),
Bundesaußenminister.

von Hofmann
August Wilhelm von Hofmann
Chemiker (Teerfarben)
(† 1892).

Jahn
Friedrich Ludwig Jahn.
der »Turnvater« († 1852).

von Stuck
Franz von Stuck, Maler
und Bildhauer († 1928).

von Eichendorff
Josef von Eichendorff,
Dichter der Romantik († 1857).

Die Stammlinie oder Stammreihe

Unter einer *Stammlinie* versteht man normalerweise die Aufzählung der unmittelbaren männlichen Vorfahren des jeweiligen Probanden. Sofern nicht die eine oder andere Person aus dieser Linie von unehelicher Geburt war und den Familiennamen der Mutter trug, sind die Namen in der Stammlinie alle gleich. Die Ahnenziffern entsprechen der Zweierpotenz: zwei, vier, acht, sechzehn usw. Die einfache Darstellung einer Stammlinie könnte etwa so aussehen:

1. BECKMANN, Karl * 3.5.1955 in Dortmund; Lehrer; ∞ 7.9.1985 in Wesel mit Roswitha, geb. Täufer

2. BECKMANN, Josef; * 15.4.1929 in Allenstein/Ostpreußen; kaufmännischer Angestellter; ∞ 1.10.1953' in Dortmund mit Regina, geb. Willner

4. BECKMANN, Robert; * 21.11.1890 in Allenstein/Ostpreußen; Schmied; ∞ 16.7.1923 in Allenstein mit Josefine, geb. Koch; † 2.1.1964 in Oberhausen

8. BECKMANN, Johann; * 3.1.1864 in Tilsit/Ostpreußen; Fuhrknecht; ∞ 27.5.1889 in Allenstein mit Sophie, geb. Kowalski; † 4.5.1935 in Allenstein

16. BECKMANN, Kurt; * 7.9.1829 in Tilsit/Ostpreußen; Tagelöhner; ∞ 23.6.1862 in Tilsit mit Caroline, geb. Schmidt; † 23.12.1869 in Tilsit

32. BECKMANN, Bartholomäus; * 24.1.1791 in Tilsit/Ostpreußen; Tagelöhner; ∞ 19.4.1820 in Tilsit mit Minna, geb. Lehner; † 10.8.1853 in Tilsit

64. BECKMANN, Friedrich; * um 1760 (Ort unbekannt); Knecht; ∞ um 1788 (Ort unbekannt) mit Charlotte, geb. Weber; □ 13.3.1819 in Tilsit

Bei Kennziffer 64 befindet sich ein »toter Punkt«: erst das Auffinden des Taufscheines von Friedrich Beckmann oder anderen Dokumenten mit entsprechenden Hinweisen würde es erlauben, auch zu seinem Vater (der die Kennziffer 128 hätte) weiterzugehen und die Stammlinie um eine Generation zu verlängern. Trotzdem wird auch aus dieser relativ kurzen, sechs Vorfahrengenerationen umfassenden Stammlinie einiges deutlich. So kann man die Wanderung der Familie von Tilsit über Allenstein verfolgen, die nach der Vertreibung im Gefolge des Zweiten Weltkrieges vorerst im Ruhrgebiet endete. Auch wird ein gewisser sozialer Aufstieg deutlich: vom Knecht bzw. Tagelöhner über den Handwerker (Schmied) und Angestellten zum Akademiker.

Die Ahnenliste

Die *Ahnenliste* umfaßt alle bekannten Vorfahren in der Reihenfolge ihrer Kennziffern. Da sie auch die jeweiligen Mutterlinien mit integriert, kann sie einen weitaus aussagekräftigeren Eindruck der Familiengeschichte vermitteln als die Stammlinie. In unserem Beispiel (Familie Beckmann) könnte eine Ahnenliste bis zur III. Ahnenreihe wie folgt aussehen:

Proband:
1. BECKMANN, Karl; * 3.5.1955 in Dortmund; Lehrer; ∞ 7.9.1985 in Wesel mit Roswitha, geb. Täufer

I. Ahnenreihe
2. BECKMANN, Josef; * 15.4.1929 in Allenstein/Ostpreußen; kaufmännischer Angestellter; ∞ 1.10. 1953 in Dortmund mit
3. WILLNER, Regina * 13.2.1931 in Lendringsen/Sauerland; Verkäuferin

II. Ahnenreihe
4. BECKMANN, Robert; * 21.11.1890 in Allenstein/Ostpreußen; Schmied; † 2.1.1964 in Oberhausen; ∞ 16.7.1923 in Allenstein mit
5. KOCH, Josefine; * 2.12.1897 in Alleinstein/Ostpreußen; Näherin † 17. 6. 1971 in Oberhausen
6. WILLNER, Hermann; * 5.9.1906 in Lendringsen/Sauerland; Landwirt; † 7.7.1981 in Lendringsen; ∞ 18.3.1930 in Lendringsen mit
7. SCHÖPKEN, Johanna; * 13.5.1909 in Iserlohn; Köchin; † 27.8.1979 in Lendringsen

III. Ahnenreihe
8. BECKMANN, Johann; * 3.1.1864 in Tilsit/Ostpreußen; Fuhrknecht; † 4.5.1935 in Allenstein/Ostpreußen; ∞ 27.5.1889 in Allenstein mit
9. KOWALSKI, Sophie; * 5.2.1864 in Allenstein/Ostpreußen; Magd; † 13.12.1946 in Oberhausen
10. KOCH, Eberhard; * 15.9.1867 in Allenstein/Ostpreußen; Schmied; † 14.5.1916 in Allenstein; ∞ 25.1.1896 in Allenstein mit
11. FRANZIKEIT, Emma; * 11.3.1869 in Allenstein/Ostpreußen; † 17.7.1922 in Allenstein
12. WILLNER, Jakob; * 19.3.1876 in Lendringsen/Sauerland; Landwirt; † 30.1.1933 in Menden/Sauerland; ∞ 13.11.1902 in Lendringsen mit
13. MÜLLER, Gesine; * 28.7.1878 in Balve; † 15.9.1934 in Lendringsen
14. SCHÖPKEN, Peter; * 1.4.1881 in Iserlohn; Schlosser; † 23.10.1960 in Hagen; ∞ 7.6.1906 in Iserlohn mit
15. SCHERER, Anna; * 31.3.1880 in Iserlohn; Wäscherin; † 29.4.1966 in Hagen

Selbstverständlich ließen sich dieser Ahnenliste wie auch der dargestellten Stammlinie noch weitere Daten hinzufügen: Tag und Ort der Taufe, Konfession, Tag und Ort der Beerdigung usw. Aber auch in der oben gezeigten einfachsten Form ist die Ahnenliste bereits recht aussagekräftig. So erkennt man, daß die Vorfahren des Probanden Karl Beckmann vor allem aus zwei verschiedenen Gegenden kommen: aus Ostpreußen und aus dem westfälischen Sauerland. Der Mannesstamm der mütterlichen Vorfahren, die Familie Willner, ist bäuerlicher Herkunft, während die Großmutter mütterlicherseits aus einer Handwerkerfamilie stammt.

Durch die Weiterführung der Ahnenliste in die vierte, fünfte, sechste und weitere Ahnenreihen könnte man feststellen, seit wann bestimmte Gewerbe in den einzelnen Linien betrieben wurden, wie lange das jeweils der Fall war, wie lange welche Linie in welchem Ort ansässig war usw. Je umfangreicher die Ahnenliste ist, desto mehr sozialgeschichtlich interessante Rückschlüsse lassen sich daraus ziehen.

Der größere Informationsgehalt der Ahnenliste gegenüber der Stammliniendarstellung läßt sich auch bei den Vorfahren väterlicherseits darstellen. Bei der Stammlinie erfahren wir nur, daß Robert Beckmann (Kennziffer 4) Schmied war, während sein Vater noch den Beruf des Fuhrknechtes ausübte. Die Ahnenliste zeigt darüber hinausgehend, daß auch Robert Beckmanns Schwiegervater, Eberhard Koch (Kennziffer 10), das Schmiedehandwerk ausübte. Das gibt Anlaß zu weiteren Fragen und Überlegungen: vielleicht lernte Robert Beckmann seine Frau als Tochter eines Arbeitskollegen oder Meisters kennen, vielleicht übernahm er sogar die Schmiede seines Schwiegervaters. Hier sind weitere, über die reinen Lebensdaten hinausgehende Nachforschungen notwendig, die allerdings angesichts des fraglichen Zeitraums im Beispiel (Zeit nach dem Ersten Weltkrieg) noch recht einfach sein dürften.

Die Ahnenliste als Darstellungsform eignet sich besonders gut zur Publizierung in der genealogischen Fachliteratur, zum Beispiel in einer Zeitschrift. Eine solche Veröffentlichung gibt manchem anderen Familienfoscher interessante Hinweise auf seine eigenen Vorfahren, die vielleicht zum Teil identisch sind. Gleichzeitig führt der Abdruck der Ahnenliste in einer Fachpublikation meist zu Ergänzungen und Berichtigungen durch andere Forscher, die über den einen oder anderen Irrtum oder »toten Punkt« hinweghelfen können.

Immer wieder kommt es vor, daß in einer Ahnenliste ein sogenannter *Ahnenschwund* oder eine *Ahnengleichheit* auftritt. Der genealogische Fachausdruck dafür ist *Implex.* Dieser ist dann gegeben, wenn Verwandte untereinander geheiratet haben.

Heiraten z.B. Cousin und Cousine zweiten Grades (d.h. Enkel von Ge-

AUSWERTUNG UND DARSTELLUNG

schwistern) untereinander, so haben deren Nachkommen in der IV. Ahnenreihe nur 14 statt 16 Vorfahren. Implex kommt vor allem in abgeschlossenen ländlichen Gebieten (Gebirgstäler, kleinere Inseln usw.), Diasporagemeinden und bestimmten sozialen Gruppen (Hochadel) häufig vor.

In diesem Fall führt man aus Gründen der Übersichtlichkeit die Bezifferung der Ahnenliste am besten normal weiter.

Die Ahnentafel

Auch die Ahnenliste hat noch gewisse Nachteile, was die Übersichtlichkeit betrifft. Das Auffinden der verwandtschaftlichen Zusammenhänge setzt die Kenntnis des genealogischen Bezifferungssystems voraus. Die Präsentation familiengeschichtlichen Datenmaterials erfolgt daher oft in der Form einer graphischen Darstellung, der *Ahnentafel*. Auf der Ahnentafel erscheinen alle bekannten Vorfahren (Aszendenten) einer Person (des Probanden), geordnet nach Generationen. Bei der Ahnentafel wird der Proband meist am unteren Rand der Übersicht eingetragen. Die einzelnen Ahnenreihen werden dann in Schichten übereinander angeordnet. In unserem Beispiel sähe eine Ahnentafel (wiederum bis zur II. Ahnenreihe) wie folgt aus (schematische Darstellung):

Angaben zu Geburts- und Sterbeort bzw. -datum sowie zum Beruf des jeweiligen Vorfahren wird man zumindest bei den ersten Ahnenreihen auch bei einer Tafeldarstellung noch eintragen können. Danach wird dies aus Platzgründen zuneh-

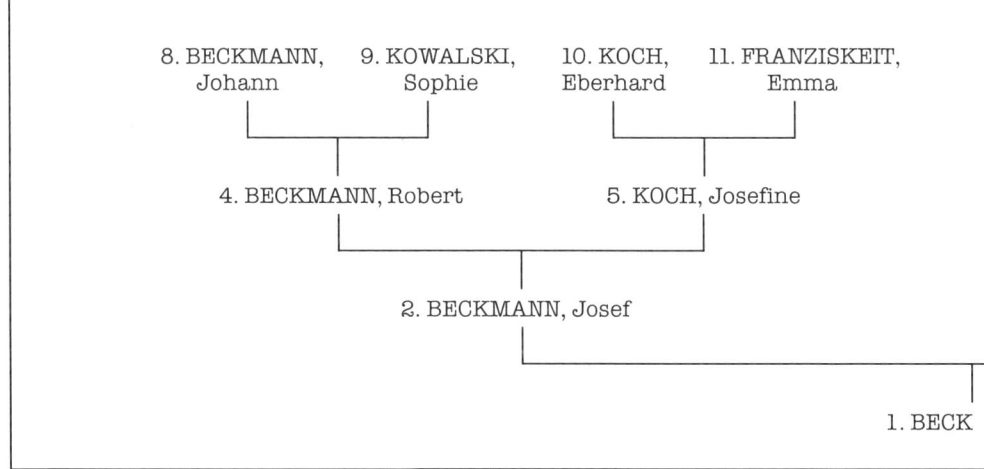

mend schwieriger. Bei der V. Ahnenreihe (32 Vorfahren), endgültig aber bei der VI. Ahnenreihe (64 Vorfahren) erlischt dann der Vorteil der Ahnentafel gegenüber der Ahnenliste: selbst zum Eintragen der Namen ist dann meistens nicht mehr genügend Platz vorhanden.

Eine Hilfslösung bieten sogenannte Anschluß-Ahnentafeln: führt man eine Tafelübersicht bis zur V. Ahnenreihe, so kann man für die weiteren Reihen zusätzliche Tafeln anlegen. Jeder der 32 Vorfahren der V. Reihe erhält dann eine eigene Ahnentafel, in der er als Proband auf-

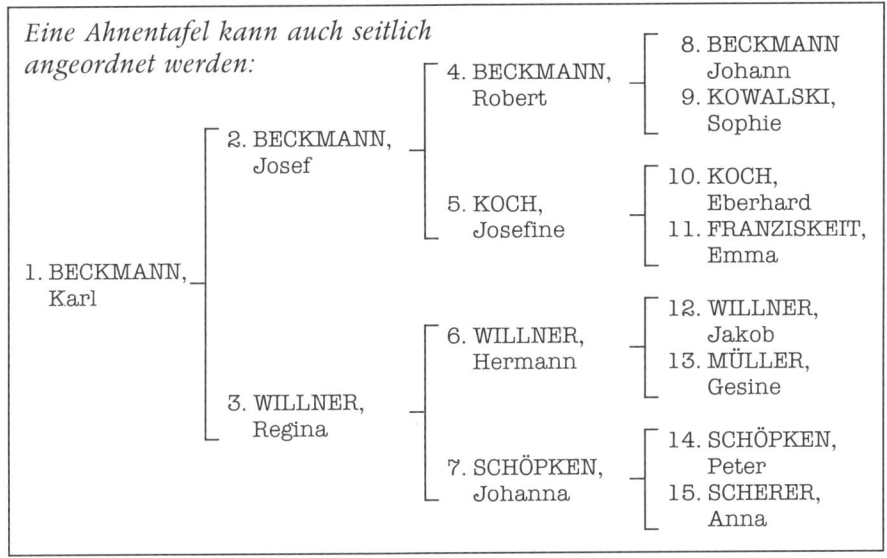

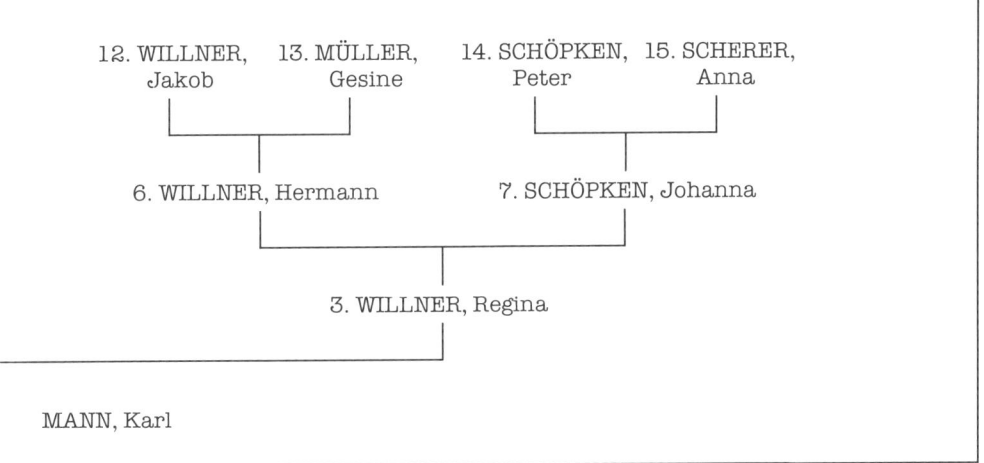

AUSWERTUNG UND DARSTELLUNG

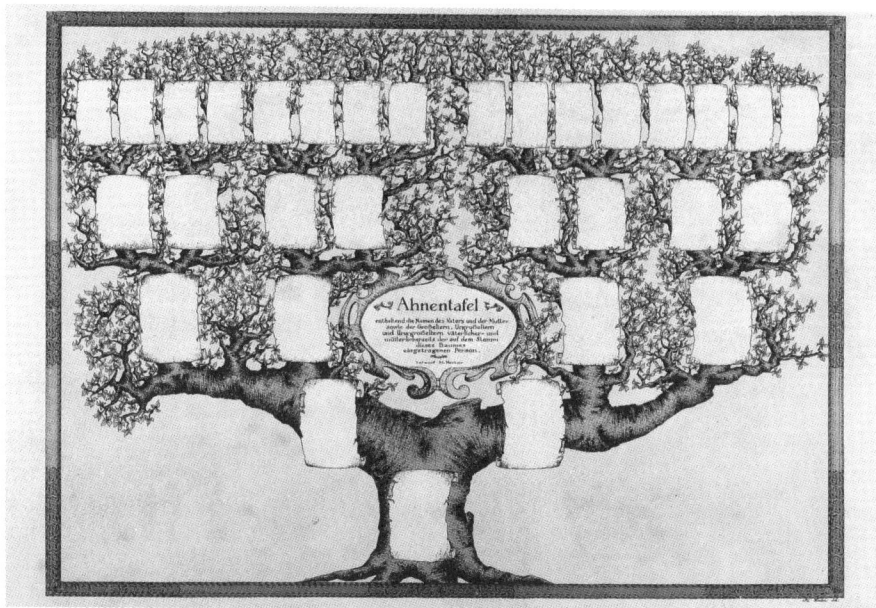

Kunstvolle Ahnentafel in Baumform.

Ahnentafel für fünf Generationen (Entwurfsbogen).

taucht, aber nicht mehr mit der Kennziffer 1, sondern mit der gleichen Kennziffer, die er auch in der Ahnenliste bzw. in der Sammlung von Personenstammblättern hat. Anschlußtafeln erfordern jedoch wieder ein umständliches Suchen und Blättern (immerhin müßten 32 Exemplare, für jeden in der V. Ahnenreihe erscheinenden Vorfahren eines, angelegt werden). Daher ist bei der Darstellung weit zurückreichender Ahnenreihen die Listenform vorzuziehen oder zumindest zusätzlich anzulegen. Überhaupt empfiehlt sich eine Kombination von Tafel und Liste, da beide ihre Vorteile haben: die Tafel kann auf einen Blick Zusammenhänge deutlich machen, die Liste ermöglicht es, die einzelnen Namensnennungen durch eine Fülle von Detailinformationen zu ergänzen, die aus Platzgründen auf der Tafel nicht untergebracht werden können.

Die genealogischen Fachverlage bieten zahlreiche verschiedene Ahnentafelvordrucke an, die teils in künstlerischer Form gehalten und als Wandschmuck geeignet sind, teils eher nüchtern-praktischen Zwecken der Datenzusammenstellung dienen. In den Fachzeitschriften finden sich schließlich immer wieder Anzeigen von Künstlern oder Heraldikern, die Aufträge für individuell gestaltete Ahnentafeln annehmen, bei denen, wenn entsprechende Großformate gewählt werden, zum Teil auch noch über die VI. Ahnenreihe hinausgegangen werden kann.

Stammliste, Mutterstamm, Stammtafel (Stammbaum)

Die Darstellung der Stammlinie und die Einarbeitung des gesammelten Datenmaterials in eine Ahnenliste und/oder eine Ahnentafel werden beim Anfänger wohl für längere Zeit die wichtigsten Ziele seiner familiengeschichtlichen Forschungsarbeit sein. Doch sind daneben auch noch einige andere Formen der Forschung und Darstellung denkbar, auf die kurz eingegangen werden soll.

Die *Stammliste* (nicht Stammlinie) berücksichtigt auch die jeweiligen Geschwister der männlichen Vorfahren. Da die Kinderzahlen in früheren Zeiten meistens recht groß waren, sind zur Erstellung einer Stammliste besonders intensive und oft umfangreiche Nachforschungen notwendig. Bestimmte genealogische Buchreihen, wie etwa das »Deutsche Geschlechter-Buch« (DGB) bevorzugen weitgehend die Stammlistendarstellung und haben bereits Hunderte von außerordentlich materialreichen Stammlisten veröffentlicht.

AUSWERTUNG UND DARSTELLUNG

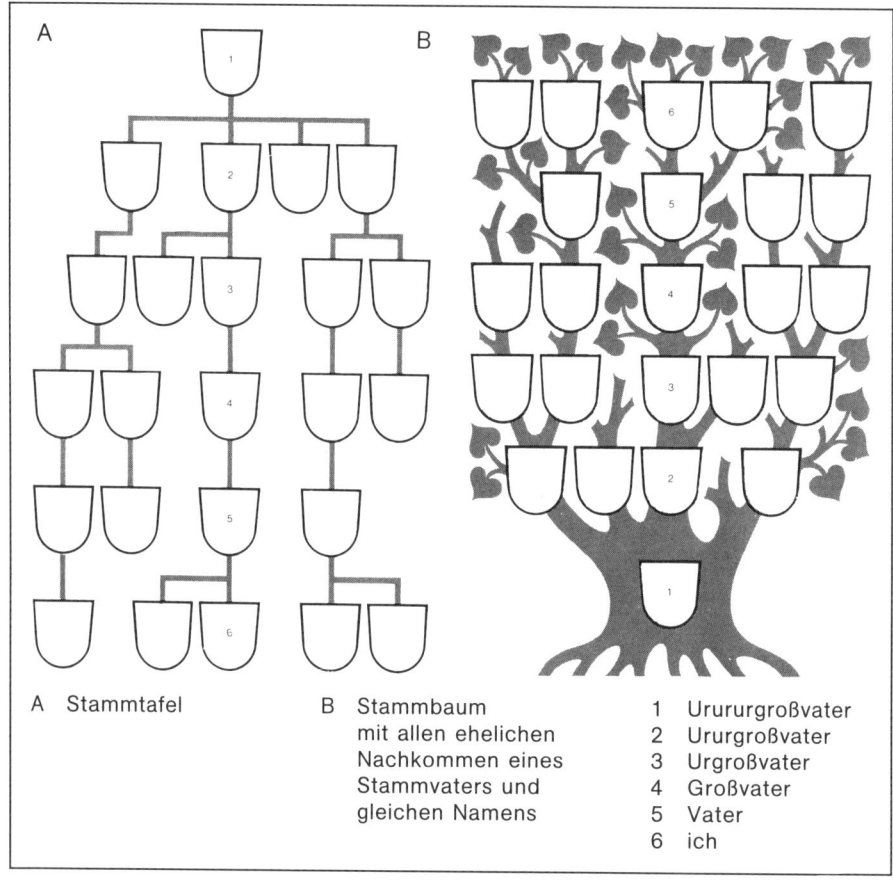

A	Stammtafel	1	Urururgroßvater
B	Stammbaum	2	Ururgroßvater
	mit allen ehelichen	3	Urgroßvater
	Nachkommen eines	4	Großvater
	Stammvaters und	5	Vater
	gleichen Namens	6	ich

Schematische Darstellung einer Stammtafel und eines Stammbaumes.

Während die Stammlinie die männlichen Vorfahren aufzählt, ist der *Mutterstamm* eine Darstellung der jeweiligen mütterlichen Vorfahren (in der Reihenfolge der Kennziffern: 3 – 7 – 15 – 31 – usw.). In unserem Beispiel, der Ahnenliste von Karl Beckmann, sähe der Anfang der Mutterreihe wie folgt aus:
1. BECKMANN, Karl ...
3. WILLNER, Regina ...
7. SCHÖPKEN, Johanna ...
15. SCHERER, Anna ...
Ebenso wie die Stammlinie kann der Mutterstamm sozial-, kultur- und familiengeschichtlich interessante Zusammenhänge erhellen, z.B. über den Stand, das Heiratsalter, das durchschnittliche Lebensalter u.ä. Doch gegenüber der kompletten Ahnenliste bleibt auch sie unvollständig. Die Zusammenstellung eines Mutterstammes kann schwieriger als die einer Stammlinie sein, da

die Familiennamen von Generation zu Generation wechseln.

Alle bisher genannten Formen der Verwertung, Aufbereitung und Darstellung des Materials beruhen auf dem *Prinzip der Aszendenz,* das heißt, der Erforschung von *Vorfahren.* Denkbar ist jedoch auch eine familienkundliche Forschung nach dem *Prinzip der Deszendenz,* d.h. der Abkunft. Nicht die Vorfahren einer Person, sondern die *Nachkommen* stehen dabei im Mittelpunkt des Interesses. Festgehalten werden die Ergebnisse der Deszendenzforschung in einer *Stammtafel,* die die Nachfolger eines *Stammvaters,* des Probanden, aufführt. Aufgenommen werden meist auch die in jeder Familie vorkommenden Töchter, jedoch nicht deren Nachkommen. In der Regel wird Nachkommenforschung nur dann als sinnvoll erachtet und betrieben, wenn der Stammvater eine berühmte Pesönlichkeit war.

Die Darstellung eines vom Ahnherrn zu den jüngsten Nachkommen wachsenden Geschlechts ähnelt dem Bild einer vom Stamm aufwärts sich immer weiter verzweigenden Baumkrone. Daher wurde für Stammtafeln nicht selten die Bezeichnung *Stammbaum* verwendet. Der Begriff hat heute bestenfalls dann eine Berechtigung, wenn es sich um eine bildhaft schmückende Darstellung des Verwandtschaftsschemas handelt.

Seit einigen Jahrzehnten wird die Darstellungsform des *Stammbaumes* zunehmend als falsch und unlogisch abgelehnt. Sie stimmt nämlich lediglich im Falle der recht selten erarbeiteten *Stammtafel.* Wenn es um die *Ahnentafel* geht, die ja gewiß von der überwältigenden Mehrheit der Familienforscher angestrebt wird, dann müßten die Vorfahren eigentlich als Wurzeln und Stamm, statt, wie fälschlicherweise noch manchmal üblich, als Zweige und Blätter des Baumes dargestellt werden.

Bringt man Vor- und Nachfahrenforschung, Aszendenz und Deszendenz, Ahnen- und Stammtafel miteinander in Verbindung, so entstehen die sogenannten *Verwandtschafts- oder Sippschaftstafeln.* Dabei ergibt sich aber schon bald eine so große Zahl von Personen, daß eine übersichtliche Darstellung unmöglich ist.

Die eigene *Nachkommenforschung* kann sich unter Umständen mit der *Vorfahrenforschung* anderer Familienforscher treffen. Es gibt familiengeschichtlich Interessierte, die ihre Herkunft aufgrund der Kombination von Ergebnissen der Vor- und Nachfahrenforschung bis auf Martin Luther oder gar Karl den Großen zurückführen können.

AUSWERTUNG UND DARSTELLUNG

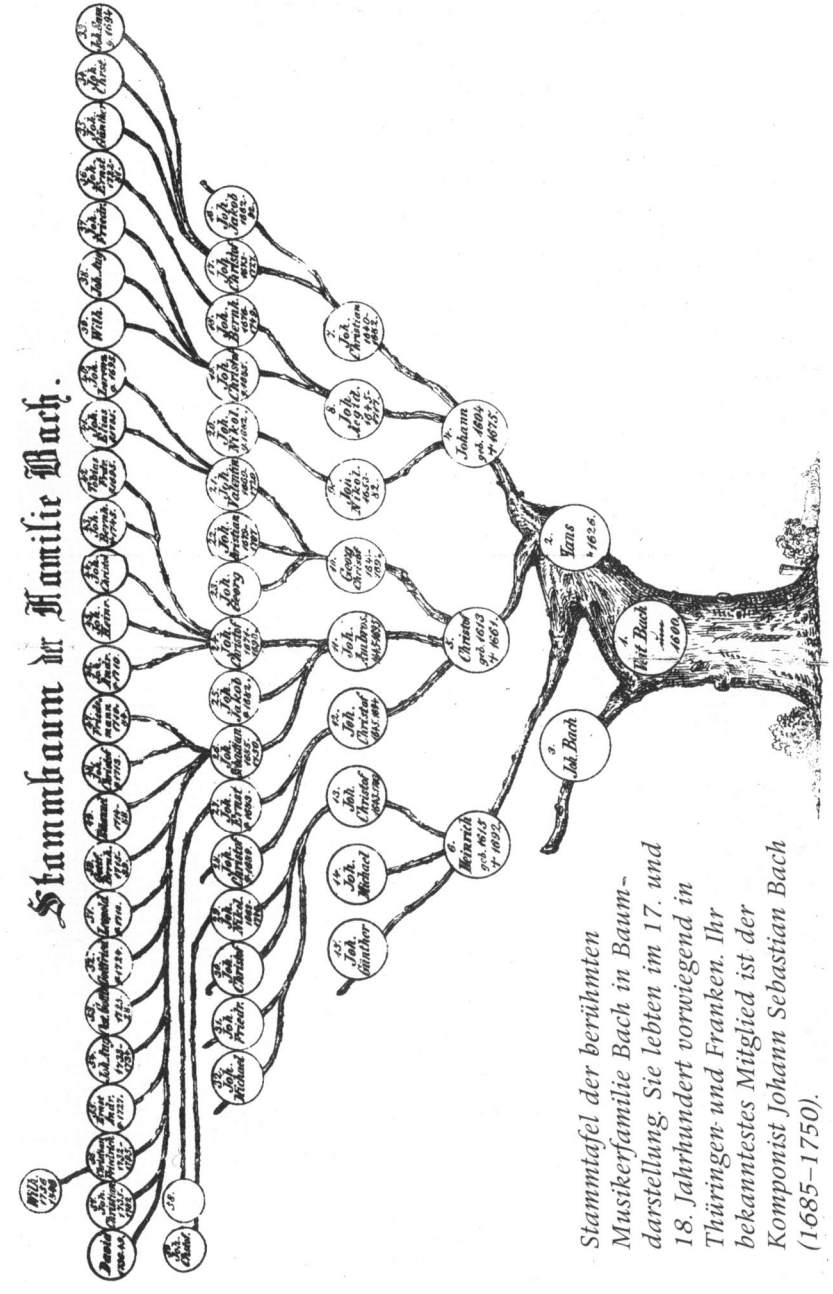

Stammtafel der berühmten Musikerfamilie Bach in Baumdarstellung. Sie lebten im 17. und 18. Jahrhundert vorwiegend in Thüringen- und Franken. Ihr bekanntestes Mitglied ist der Komponist Johann Sebastian Bach (1685–1750).

Die Familienchronik

Stammlinie und Stammliste, Ahnentafel und Ahnenliste sind wichtige und interessante Darstellungsformen. Doch haben sie alle den Nachteil, daß sie nicht das ganze jeweils gesammelte Material umfassen und präsentieren können. Die umfangreichste und zugleich auch in qualitativer Hinsicht beste Form, in der ein Familienforscher die Ergebnisse seiner jahrelangen Arbeit aufbereiten kann, ist daher eine *Familienchronik*. Die anderen Darstellungsformen können eine solche Chronik vorbereiten und in sie integriert werden, die Chronik selbst jedoch stellt den (vorläufigen) Abschluß und das repräsentative Ergebnis aller Bemühungen dar.

Eine gute Familienchronik hat Aufgaben, die weit über die einer umfangreichen Ahnenliste hinausgehen. Selbstverständlich soll auch sie einen detaillierten Überblick über die Lebensdaten aller erfaßten Vorfahren geben. Zu diesem Zweck kann und soll eine Ahnenliste Bestandteil der Familienchronik sein. Außerdem empfiehlt sich die Ergänzung der Liste durch eine (eventuell ausklappbare) Ahnentafel. Doch sollte die Chronik auch Abschnitte enthalten, die über die schematisierten Listen- und Tafeldarstellungen hinausgehen und den sozialen, regionalhistorischen und kulturellen Hintergrund der Familiengeschichte aufzeigen. Erst so entsteht ein wirklich lebendiges Bild von der Vergangenheit und vom Leben der Vorfahren. Denkbar sind zum Beispiel folgende Textkapitel:

- ein Aufsatz über Herkunft, Bedeutung und Geschichte des Familiennamens, eventuell auch über die Namen anderer Vorfahrenlinien;
- ein Beitrag über die Geschichte und Landeskunde der Region oder des Ortes, in dem sich die Familiengeschichte hauptsächlich abspielte;
- Beiträge über verschiedene Berufe und deren Aufgabenbereich, die in der Familie oft ausgeübt wurden;
- Darstellungen wichtiger historischer Ereignisse; die die Familie in starkem Maße betrafen oder an denen vielleicht sogar einzelne Vorfahren als Handelnde direkt beteiligt waren.

All das macht ein historisches Wissen erforderlich, das weit über die Kenntnis der Standesamts- und Kirchenbuchdaten hinausgeht. Nichts für historische Laien, nichts für Leute, die nicht mindestens einige Semester Geschichte studiert haben? Doch! Wer sich mit der Familiengeschichte beschäftigt, wird mit der Zeit geradezu instinktiv ein Interesse für das weitere historische Umfeld entwickeln und im übrigen bei seinen Quellenstudien regelrecht darauf gestoßen werden. Auch in dieser Hinsicht sammelt sich mit der Zeit eine Fülle von Material an, das

AUSWERTUNG UND DARSTELLUNG

in der Familienchronik systematisiert und verarbeitet werden kann. Die folgende mögliche Gliederung einer Familienchronik kann und will nicht allgemeinverbindlich sein. Sie versucht vielmehr, ein Beispiel dafür zu geben, wie ein solches Werk strukturiert werden kann. Doch bleibt die jeweilige genaue Ausführung natürlich den individuellen Wünschen und Interessen des einzelnen Familienforschers überlassen. Stellen wir uns nun einmal vor, der in den vorigen Beispielen schon öfters genannte Karl Beckmann habe einige Jahre lang intensive familienkundliche Nachforschungen betrieben und wolle die Ergebnisse in einer »Chronik der Familie Beckmann« zusammenfassen. Seine Gliederung könnte dann etwa so aussehen:

1. Herkunft und Bedeutung des Namens Beckmann;
2. Ostpreußen – das Herkunftsland der Beckmanns: Landschaft, Menschen und Geschichte;
3. Tilsit im 18. und 19. Jahrhundert;
4. Das Sauerland – Herkunftsgebiet der Vorfahren mütterlicherseits;
5. Die Berufe der Beckmanns: Bedeutung und Sozialgeschichte;
6. Die Chronik des Mannesstammes Beckmann: Daten und Ereignisse, Anekdoten und Begebenheiten;
7. Wie die Beckmanns nach Westdeutschland kamen;
8. Ahnenliste Karl Beckmann;
9. Ahnentafel Karl Beckmann;
10. Quellen- und Literaturverzeichnis.

Den Umschlag der Familienchronik könnte ein Wappen zieren, das sich Karl Beckmann vielleicht von einem erfahrenen Heraldiker anfertigen und in die Wappenrolle eintragen ließ. Denkbar wäre dann auch noch ein Kapitel zur Bedeutung dieses Wappens.

Besonders gelungen wird die Chronik dann werden, wenn man das Text- und Datenmaterial mit Bildern, Kartenübersichten usw. ergänzt. Sofern noch Bilder von Großeltern, Urgroßeltern oder gar Vorfahren aus noch weiter zurückliegenden Ahnenreihen vorhanden sind, gehören sie unbedingt in die Familienchronik hinein. Das gilt auch für Zeichnungen oder Fotografien von Häusern, in denen die Familie lange Zeit wohnte, oder die sich in Familienbesitz befinden/befanden, alte Dorf- und Stadtansichten u. dgl. m.

Wird die Familienchronik nur für die Verbreitung in der eigenen Verwandtschaft angefertigt, so empfiehlt sich zunächst ein sauberes Abtippen der Texte mit der Schreibmaschine. Die Blätter können dann in der für den Familienkreis gewünschten Auflage fotokopiert und durch einen Buchbinder mit einem repräsentativen und schmückenden Einband versehen werden. Wem das DIN-A4-Format zu groß ist (im Grunde empfiehlt es sich aber), kann die A4-Seiten der Vorlage problemlos auf A5 verkleinern lassen. Eine sol-

Schmuckblatt aus einer bürgerlichen Familienchronik zur Geburt einer Tochter am 30. Juli 1853. Die frühindustrielle Apparatur schaukelt die Wiege des Kindes.

che Chronik eignet sich hervorragend als Geschenk zu Weihnachten oder zum Geburtstag, vor allem aber bei wichtigen Familienfesten wie Taufe, Kommunion, Konfirmation oder Hochzeit.

Selbstverständlich kann eine solcherart angefertigte Familienchronik auch anderen Familienforschern, deren Vorfahren vielleicht mit denen des Chronisten in dem einen oder anderen Fall verwandt waren und die deshalb an dem Werk Interesse haben könnten, angeboten werden. Man kann sowohl die genealogischen Vereine als auch die Fachzeitschriften dazu nutzen, auf das Erscheinen der Chronik hinzuweisen und wird bei dieser über den Familienkreis hinausgehenden Verbreitung einen Selbstkostenpreis verlangen.

Bei dem Wunsch nach größerer Verbreitung der Familienchronik bietet sich auch eine Veröffentlichung im Rahmen der Buchreihen an, die verschiedene familienkundliche Vereinigungen herausgeben. In der Regel ist dabei allerdings von Seiten des Autors ein Druckkostenzuschuß zu leisten. Eine Reihe ausführlicher und beispielhafter Familienchroniken ist im »Deutschen Familienarchiv« des Fachverlages Degener & Co. aus Neustadt a.d. Aisch (siehe Anschriftenverzeichnis) erschienen.

Bisher war nur von einer rein historischen Chronik die Rede, die Ereignisse der Vergangenheit behandelt und spätestens in der Gegenwart ihren Abschluß findet. Daneben oder stattdessen ist aber auch eine *Familienchronik* denkbar, die auf die Zukunft hin ausgerichtet ist und den laufenden Eintrag neuer wichtiger Familiendaten ermöglicht. Sie ist nicht zur Veröffentlichung bestimmt, sondern befindet sich – meist nur in einem Exemplar – im Besitz der Familie.

Diese Form der Familienchronik gleicht ein wenig einem Tagebuch, nur daß sie eben keine individuellen Erlebnisse, sondern solche einer Gruppe, eben der Familie, verzeichnet. Auch wird sie nicht für jeden Tag neue Eintragungen haben, sondern eine Konzentration auf das Wesentliche erfordern.

Am besten ist es wohl, zunächst einmal eine historische Familienchronik in der oben aufgezeigten Art anzulegen, die eine Bestandsaufnahme der Familiengeschichte bis zu einem bestimmten Zeitpunkt enthält, und dann mit den Eintragungen für eine neue Chronik der laufenden Ereignisse zu beginnen. Wer weiß: vielleicht wird eben diese aktuelle Chronik in einigen Jahrzehnten von einem Nachkommen zur Grundlage für die Fortsetzung oder Neubearbeitung der historischen Chronik genommen und damit selbst eine familiengeschichtliche Quelle ersten Ranges.

Heraldik

Was ist die Heraldik?

Wer sich intensiv mit der Familiengeschichte beschäftigt, wird sich eventuell auch die Frage nach einem Familienwappen stellen. Gab es ein solches in früheren Zeiten? Soll man sich heute um die Schaffung eines neuen Wappens bemühen? Vor der Entscheidung solcher Fragen sollte man sich einige Grundkenntnisse der Heraldik aneignen.

Was ist Heraldik und was sind Wappen? Die *Heraldik* ist, ebenso wie die Genealogie, eine Hilfswissenschaft der Geschichte. Ihr Untersuchungsgegenstand sind *Wappen*. Sie gliedert sich in Wappenlehre, Wappenkunst und Wappenrecht. Außer zur Genealogie bestehen enge Beziehungen zu einer Reihe weiterer Hilfswissenschaften (siehe nächstes Kapitel), aber auch zur Kunst- und Rechtsgeschichte. Eine Beschäftigung mit heraldischen Problemen ist ohne das gleichzeitige Befassen mit der Genealogie kaum möglich, während allerdings Genealogie und Familiengeschichtsforschung durchaus betrieben werden können, ohne dabei auf die Heraldik einzugehen.

Der Name »Heraldik« geht zurück auf die Kunst der Herolde (früher: »ars heraldica«), jener Hofbeamten, die das Hofzeremoniell, die Turnierordnung und die Turnierfähigkeit (Edelblütigkeit) der Ritter zu überprüfen und auf Feldzügen und Reisen ihren Herren vorauszureiten hatten. Die Heraldik der ersten Blütezeit des Wappenwesens im Mittelalter war also ausgerichtet auf praktische Wappenkunde und -kunst. Die Herolde schufen mit der Zeit ein System des Wappenwesens, Sie legten die Wappenbücher (Verzeichnisse) an und schrieben Wappenbücher und Turnierdichtungen.

Wappen (vom mittelhochdeutschen Wort »wapen« = Waffen) sind farbig gestaltete, unveränderliche und erbliche Kennzeichen einer Familie, eines Gemeinwesens (Staat, Stadt usw.) oder einer Körperschaft (z.B. eines Vereines). Sie gehen auf die mittelalterlichen Schutzwaffen (Schild und Helm) zurück. Daher besteht ein Wappen in der Regel aus zwei Bestandteilen: dem Schild mit dem eigentlichen Bild und dem sogenannten Oberwappen mit Helm, Helmdecke und Helmzier. Die Darstellung eines Oberwappens ist allerdings fast nur noch bei Familienwappen gebräuchlich, während die Wappen von Staaten, Kommunen etc. meist nur den Schild zeigen.

In der Frühzeit der Heraldik wurde der Helmzier noch keine so große Bedeutung zugemessen. Erst später, als verschiedentlich Wappen mit

HERALDIK

gleichem Bild aufkamen (z.B. Wappenbilder mit dem gleichen Wappentier, etwa Adler oder Löwe, auf gleicher Farbe) gewannen die Helmzierden als Unterscheidungsmerkmal wesentliche Bedeutung. Als Helmzier dienten beispielsweise Hörner, Flügel, Tierbälge oder menschliche Figuren, die am Helm befestigt wurden.

Die Helmdecken kamen in der Zeit der Kreuzzüge auf. Um in ihren Rüstungen Linderung vor der ungewohnten Hitze und Sonnenstrahlung des Orients zu erhalten, befestigten die europäischen Kreuzritter feuchte Tücher an ihren Helmen. Hieraus entwickelte sich der Brauch, den Helm mit buntem Tuch, meist in der Farbe des Wappens, zu schmücken, das unterhalb der Helmzier angebracht wurde.

Wappenbeispiele

1 bis 3 mehrfach geteilte Schilde
4 ⎫ geteilte Schilde, belegt
5 ⎭ mit zusätzlichen Figuren
6 Wappen mit Schildhaupt
7 ⎫ geteilte Figuren im
8 ⎭ einfarbigen Schild
9 Wappen mit heraldischem Pelzwerk, Eisenhutfeh
10 Wappen mit Schildfuß
11 Wappen mit Beizeichen
12 Wappen mit Beizeichen
13 heraldisch tingiertes Vollwappen
14 mehrfach geteilter Schild mit einfarbiger Figur
15 einfarbiger Schild mit mehrfach geteilter Figur
16 Wappen des Kreuzfahrerkönigreichs Jerusalem. Gold und Silber, nach der Farbensymbolik gewählt, heraldisch eine Ausnahme
17 Flagge des Vatikans. Gold und Silber, nach der Überlieferung die Farben des Wappens von Jerusalem, mit Sicherheit aber die Farben der Schlüssel Petri, goldener Löse- und silberner Bindeschlüssel, die Insignie der höchsten klerikalen Gewalt

Farbensymbolik:

a Rot/Rubin
 Recht, Stärke
 Tapferkeit
 Würde, Liebe

b Blau/Saphir
 Ruhm
 Ehre
 Aufrichtigkeit
 Treue
 Beständigkeit

c Grün/Smaragd
 Freiheit
 Fröhlichkeit
 Hoffnung
 Lieblichkeit
 Gesundheit

d Schwarz/Diamant
 Standhaftigkeit
 Demut
 Frieden
 Tod, Untergang
 Trauer

e Purpur
 kaiserliche Farbe
 Hoheit
 Würde
 Herrlichkeit
 Macht

f Silber/Perle
 Reinheit
 Keuschheit
 Unschuld
 Weisheit
 Freude

g Gold/Topas
 Herrlichkeit
 Ansehen
 Hoheit
 Würde
 Reichtum

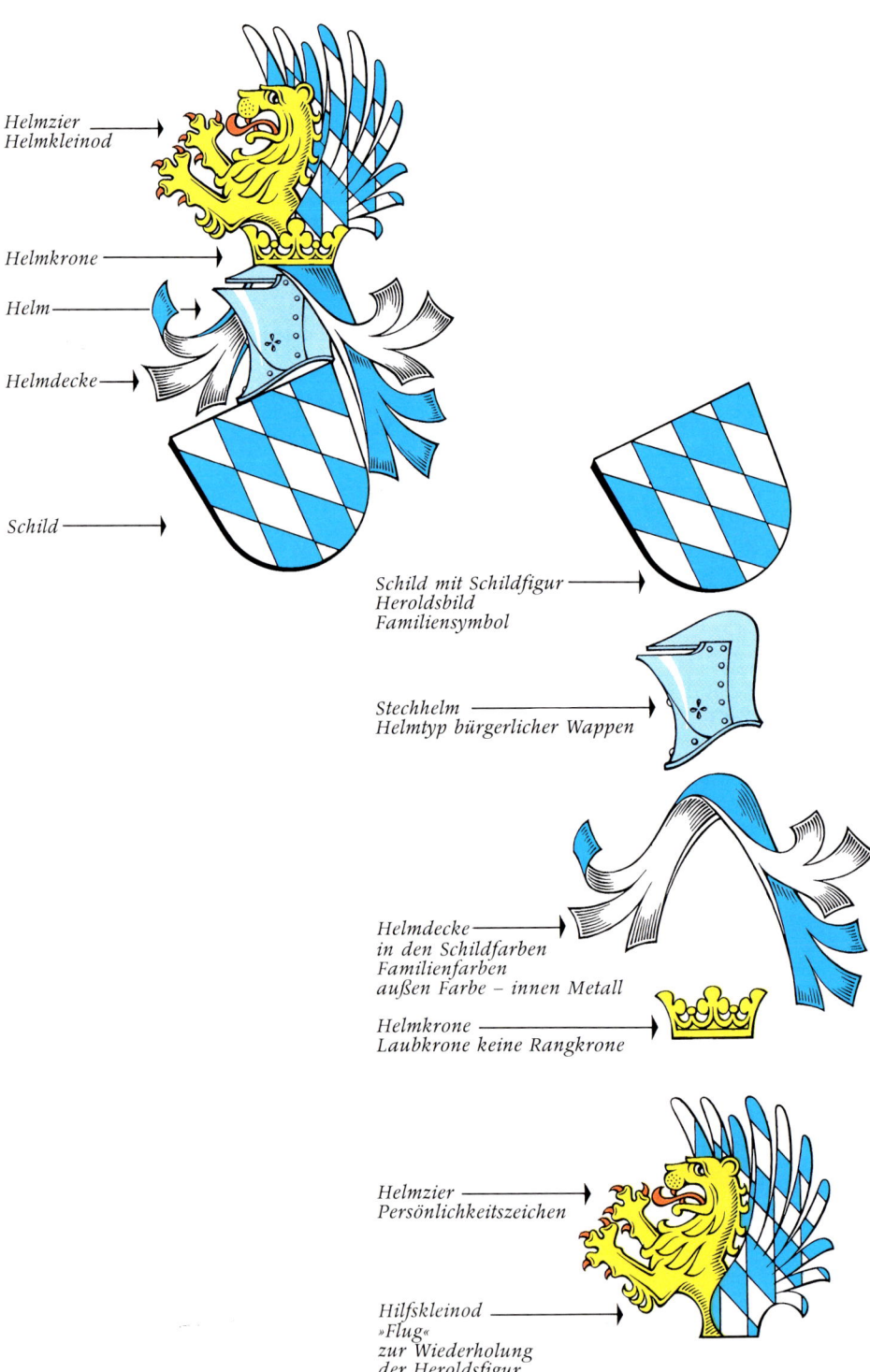

Entwicklung der Heraldik

Bereits im 14. Jahrhundert begannen sich Wissenschaftler für heraldische Fragen zu interessieren und die Systematik des Stoffes zu verfeinern. Die beiden frühesten bekannten Autoren von Texten heraldischen Inhalts waren Bartolus de Sassoferrato (1314–1357), ein Rechtslehrer aus dem italienischen Perugia, und der thüringische Priester Johannes Rothe (um 1350 oder 1360–1434). Der Züricher Chorherr Felix Hemmerlein (1388 oder 1389–1458 oder 1459) widmete in seiner um 1440 verfaßten Schrift »De nobilitate et rusticitate« der Wappenlehre ein besonderes Kapitel, das im wesentlichen auf der Arbeit Sassoferratos beruhte. Das erste gedruckte Buch zur Heraldik erschien 1480 in England.

Der Nürnberger Ratsherr Georg Philipp Harsdörffer (1607–1658) behandelte in seinen »Unterhaltungen über die Heroldskunst« zum ersten Mal die Einteilung des Wappenschildes. Er führte auch eine Anzahl von heraldischen Fachwörtern, auf die vor allem in der französischen Heraldik großes Gewicht gelegt wurde, in die deutsche Literatur ein.

Im 16. und 17. Jahrhundert folgten zahlreiche theoretische Werke und Wappenbücher. Aber erst in der zweiten Hälfte des 17. Jahrhunderts entwickelte sich eine wissenschaftliche Heraldik. Im 18. Jahrhundert hielt die Heraldik Einzug in eine Hochschule: König Friedrich I. von Preußen gründete 1705 bei der neuen Ritterakademie in Berlin einen Lehrstuhl für Heraldik. Erster Inhaber dieser Professur wurde der heraldische Ratgeber des Monarchen, Christian Maximilian Spener. 1711 folgte ein Heraldik-Lehrstuhl an der Leipziger Universität, weitere deutsche Hochschulen zogen mit der Zeit nach.

Wappen im engeren heraldischen Sinne entstanden etwa in der zweiten Hälfte des 12. Jahrhunderts. Vorläufer in Form von Schildbemalungen und -ornamenten dürfte es schon weitaus früher in griechischer, römischer, germanischer und keltischer Zeit gegeben haben. Doch fehlte diesen Vorformen eine Reihe von Kriterien, die zu eigentlichen Wappen gehören. Insbesondere waren sie weder unveränderlich noch erblich.

◁

Das Vollwappen in der noch heute üblichen Zusammensetzung hat sich aus der Turnierheraldik entwickelt.

Die Notwendigkeit, Wappen zu führen, ergab sich aus der Entwicklung der Ritterrüstung. Noch im 10. und 11. Jahrhundert genügten dem Ritter als Schutz ein Kettenhemd und die sogenannte Beckenhaube, die das Gesicht frei ließ. Im Laufe des 12. Jahrhunderts trat eine Wandlung ein: immer mehr Teile des Körpers wurden nun durch Schienen und Platten geschützt, und durch den Topf- und Kübelhelm wurde auch ein vollständiger Schutz von Kopf und Gesicht angestrebt. Freund und Feind, bisher noch von Angesicht zu Angesicht erkennbar, waren nun im Kampf nicht mehr zu unterscheiden. Um dennoch eine Orientierung zu ermöglichen, begann man mit einer unterschiedlichen, aber dauerhaften farblichen Gestaltung der Schilde – das Wappen war entstanden.

Im Spätmittelalter führte die Erfindung des Schießpulvers zu einer völligen Veränderung des gesamten Kriegswesens. Gegen die neuen Schußwaffen waren Helm, Schild und Rüstung weitgehend sinnlos geworden. Dies führte jedoch keineswegs zu einem Verschwinden der Wappen: inzwischen war das Wappen auch Bestandteil der ritterschaftlichen und fürstlichen Siegel geworden, schmückte Flaggen und Banner der jeweiligen Herrschaften und Familien und bildete ein wichtiges Identifizierungsmerkmal für seinen jeweiligen Träger. Darüber hinaus wurden auch noch lange nach der Erfindung des Schießpulvers ritterliche Kampfspiele, die Turniere, ausgetragen, bei denen die alten Rüstungen getragen und die Wappen auf Schild und Harnisch stolz gezeigt wurden.

Seit dem 14. Jahrhundert wurden in Deutschland auch nichtadeligen Personen Wappen und Adelsprädikat verliehen, wenn sie besondere Verdienste vorzuweisen hatten. Dieser Brauch, der auf Kaiser Karl IV. zurückgeht und nach und nach von den einzelnen Landesfürsten übernommen wurde, bestand bis zum Ende der deutschen Monarchie im Jahre 1918. Er ist heute noch in Ländern mit monarchischer Staatsform, etwa in Großbritannien, üblich. In heraldischer Hinsicht sprach man in diesem Zusammenhang von einer Kanzleiheraldik im Gegensatz zur Kriegs- oder Turnierheraldik der alten Adelsgeschlechter.

Die Annahme von Wappen durch bürgerliche Familien ist nicht viel jünger als die der adeligen Sippen. Es war vor allem das Patriziat in den Städten, das sich aufgrund seines Reichtums und seiner sich mehr und mehr entfaltenden wirtschaftlichen Macht dem Adel ebenbürtig fühlte. Mit dem Erstarken der Zünfte legten sich auch manche zu Ansehen gekommene und ratsfähig gewordene Handwerksmeister ein Wappen zu. Oft übernahmen sie ihre Hausmarke, die sie in ein Wappenschild setzten und mit einem Oberwappen versahen. Ebenso verfuhren die (wenigen) freien Bauern, vor allem im Norden und im Süden des Deutschen Reiches. Die Annahme eines Wappens war damals wie heute völlig frei und bedurfte keiner Genehmigung durch die Obrigkeit. Ihre Blütezeit erlebte die Heraldik zwischen dem 12. Jahrhundert und dem Ende der Renaissance. In den folgenden drei Jahrhunderten »verwilderte« das Wappenwesen immer mehr, so daß man von einer Verfallszeit der Heraldik sprach. Im 19. Jahrhundert führte die Romantik zu einer Neuentdeckung des Mittelalters, seiner Künste und Lebensweise. Damit erwachte auch ein neues Interesse an der Heraldik. Erste heraldische Vereine entstanden. Die Heraldiker jener Zeit setzten die Wappendarstellungen der Gotik und der Frührenaissance als Norm fest und stellten die alten Farbregeln und die traditionelle heraldische Terminologie wieder her. Die seinerzeit entwickelten Richtlinien gelten auch heute noch bei der Gestaltung und Annahme neuer Familien- oder Ortswappen.

Terminologie und Regeln der Heraldik

Die Funktion eines Wappens, aber auch allgemeine ästhetische Gesichtspunkte verlangen, daß bei der Gestaltung eine Reihe von Regeln eingehalten werden. So sollte und soll ein Wappen weithin erkennbar und sichtbar sein. In früheren Zeiten war eine Erkennbarkeit über die Distanz von 200 Fuß (etwa 65 Meter) vorgeschrieben. Nach den heutigen heraldischen Anforderungen soll ein Wappen auch in verkleinerter Form, zum Beispiel auf einem Ring oder einem Siegel, noch deutlich zu identifizieren sein.

All das erfordert eine zum Teil sehr abstrakte, auf zu viele Einzelheiten verzichtende Gestaltung des Wappens. Bei bestimmten Darstellungen, etwa der von Tieren (Adler, Bär, Falke, Einhorn, Löwe, Stier usw). kann diese Notwendigkeit zu einer außerordentlich weitgehenden Stilisierung führen. Bekanntestes Beispiel für eine stilisierte Tierdarstellung ist wohl der Bundesadler im Staatswappen der Bundesrepublik Deutschland.

Die Heraldik läßt als Grundfarben (Tinkturen) nur sechs Farben zu, die wiederum in »Farbe« und »Metall« untergliedert werden. Als *Farbe* gelten Rot, Blau, Grün und Schwarz, als *Metall* Gold (im Wappen oft in Gelb dargestellt) und Silber (in der Darstellung oft durch Weiß verkörpert). Purpur als siebte Farbe – bezogen auf die Siebenzahl der Planeten – ist in der deutschen Heraldik selten. Eine Ausnahme von dieser Farbenbeschränkung betrifft die menschliche Körperfarbe in ihrem natürlichen Ton: es gibt einzelne Wappen, in die menschliche Körperteile (Gesichter, Hände, ein Arm mit schwingendem Schwert usw.) einbezogen sind. Die wichtigste aller *heraldischen Farbregeln* gilt jedoch dem Verhältnis der einzelnen Farben zueinander, ihrem Kontrast: nie darf eine der vier »Farben« auf oder neben einer anderen »Farbe« stehen, nie darf »Metall« auf oder neben »Metall« stehen, sondern der heraldischen Farbregel zufolge findet sich gewöhnliche Farbe auf Metall oder umgekehrt. Für weitere Unterscheidungsmerkmale sorgen Pelzwerke, Schildteilungen, Schnitte, Damaszierung u.ä.

Im Laufe der Jahrhunderte entstand in der Heraldik eine besondere *Terminologie,* die es ermöglichte, ein Wappen so knapp und treffend zu beschreiben, daß ein Sachverständiger es sofort identifizieren und nach der Beschreibung zeichnerisch gestalten konnte. Es würde an dieser Stelle zu weit führen, auf die gesamte heraldische Fachsprache einzugehen, hier sei auf die umfangreiche weiterführende Literatur zum Thema verwiesen. Nur die wichtigsten und grundlegenden Begriffe sollen kurz erklärt werden.

So unterscheidet man beim Inhalt eines Schildes zunächst zwischen den »Gemeinen Figuren« und den »Heroldsbildern«. Als »Gemeine Figuren« bezeichnet man Menschen, Tiere, menschliche und tierische Körperteile, Pflanzen sowie alle möglichen Gegenstände (zum Beispiel Schwerter, Hämmer, Gebäude usw.), die im Wappen vorkommen können. Die »Heroldsbilder« sind abstrakterer Natur und entstehen, wenn der Schild durch gerade oder gebogene Linien geteilt oder der einfarbig gehaltene Schild mit geometrischen Figuren belegt wird.

Als »redend« bezeichnet man ein Wappen, wenn es symbolisch den Namen oder die Herkunft seines Trägers wiedergibt. Beispiele hierfür sind der Bär im Berliner und der Mönch im Münchner Stadtwappen. Für die Beschreibung eines Wappens gilt der allgemeine Grundsatz, daß die Begriffe »rechts« und »links« nicht vom Blickpunkt des Betrachters, sondern von dem des Schildträgers aus gelten. Die rechte Seite des Wappens ist also die dem Betrachter zur linken Hand liegende. Mit dieser, auch als »vorne« bezeichneten Seite beginnt stets die Beschreibung eines Wappens in der Literatur.

Hausmarken und andere verwandte Zeichen

Zu dem Forschungsgebiet der Heraldik gehört auch die Beschäftigung mit den Hof- und Hausmarken, persönlichen Kennzeichen des Eigentums, aus denen sich die Handwerker- und Kaufmannszeichen bildeten.

Hausmarken sind aus einfachen Linien gestaltete Persönlichkeits-, Namens- und Besitzzeichen, die – in Holz oder Stein eingeritzt – Personen, Namen oder Gut kennzeichneten. Da im Mittelalter die meisten Menschen des Lesens und Schreibens unkundig waren, bedienten sie sich dieser leicht merkbaren Zeichen zur Kennzeichnung ihres Eigentums und zur Beurkundung von Verträgen. Die städtischen Hausmarken entstanden aus den ursprünglichen *Hofmarken.* Sie sind älter als die Wappen und gehen nicht auf eine kriegerische Herkunft zurück.

Hof- und Hausmarken wurden nur dem ältesten Sohn einer Familie in unveränderter Form vererbt. Die anderen Söhne mußten zusätzliche Unterscheidungsmerkmale anbringen. Hierin liegt ein wesentlicher Unterschied zum Wappen, das von allen Söhnen und Töchtern unverändert übernommen werden konnte. Selbst bei der Heirat verloren die Ehefrauen ihr Stammwappen nicht. Es bildete vielmehr zusammen mit dem Wappen des jeweiligen Mannes ein sogenanntes Allianzwappen. Dabei wurden beide Wappen entweder aufrecht nebeneinander stehend oder in einander zugeneigter Form abgebildet.

Der Übergang von der *ländlichen Hofmarke* zur *städtischen Hausmarke* ist die Folge einer etwa im 11. Jahrhundert einsetzenden wirtschaftlichen Entwicklung, die zu einem Bedeutungsgewinn der Städte führte. Die rasch aufstrebenden städtischen Gemeinwesen zogen besonders diejenigen Landbewohner an, die sich im Laufe der stärker werdenden Arbeitsteilung bestimmte handwerkliche Fähigkeiten angeeignet hatten. Es entstanden die verschiedenen Berufszweige. Gleichzeitig wanderten auch Bauernsöhne in die Städte ab, die vom Erbrecht ausgeschlossen waren oder die bei einer Hofteilung keine ausreichende Existenzgrundlage mehr hatten. Sie alle brachten ihre ererbte Hofmarke in die Stadt mit, sie diente ihnen weiterhin als Eigentumszeichen und Ersatz einer Unterschrift. Die Handwerker nutzten ihre Hausmarke auch als Urheberzeichen und versahen ihre Erzeugnisse mit ihr, der Kaufmann markierte entsprechend seine Handelswaren.

HERALDIK

Hausmarken, Bürger- und Handwerkerwappen

1 bis 4 Bürgerwappen
1, 2 Lebensbaummotive
3 pietistische Symbole
4 Hausmarke

5 bis 7 Bauernsiegel und Bauernwappen mit Hausmarken

8 Wappen des Steinmetzgeschlechtes der Parler, 14. Jh.
9 Steinmetzzeichen des Peter Parler
10 bis 13 Meistermarken in Wappenform
10, 11 Goldschmiede
12 Zinngießer
13 Schwertfeger

14, 15 Handwerkerwappen, auch als Hauszeichen verwendet
14 Schneider
15 Metzger

Moderne Wappenführung

Es wurde bereits darauf hingewiesen, daß die Annahme von Wappen durch nichtadelige Familien fast genauso alt ist wie die Wappenführung des Adels. Daß das Tragen eines Wappens kein Vorrecht des Adels war, beweist das ausgeprägte bürgerliche und bäuerliche Wappenwesen in den alten demokratischen Gemeinwesen im deutschen Sprachraum. In der Schweiz, in den Hansestädten, in Dithmarschen und überall dort, wo freie Bauern oder Bürger lebten, war es ihnen gestattet, ein Wappen anzunehmen und zu führen. Noch heute lehnt ein selbstbewußter Hamburger Bürger als Hanseat die Annahme eines Ordens ab, führt aber voller Stolz das von seinen Vorfahren gestaltete und überlieferte Familienwappen.

Irrig ist die Annahme, daß nur ein von einem Souverän verliehenes Wappen »echt« sei. Früher wie heute konnte in völliger privater Freiheit und egal aus welchen Gründen ein Wappen angenommen und weitervererbt werden. Eine staatliche Einflußnahme gab es nicht, und es erfolgte auch keine offizielle Registrierung. Wappensammlungen geben daher immer nur einen Teil der früher und heute existierenden Wappen wieder.

Eine *amtliche Heraldik* bildet sich mit der Zeit im Bereich der Staatsverwaltung und der katholischen Kirche heraus. Alle deutschen und österreichischen Bundesländer, die Schweizer Kantone und die meisten Gemeinden, in Westdeutschland auch die Landkreise, haben eigene Wappen. Diese sind offiziell registriert und in der Regel gesetzlich geschützt, um dem Mißbrauch durch Unbefugte vorzubeugen. Die Aufgliederung der Bundesrepublik in elf neue Bundesländer schuf im Jahre 1948 die Voraussetzung zur Konzeption von Wappen, in denen die Neueinteilung auch nach außen hin dokumentiert werden sollte. Geändert hat sich dabei ausschließlich das Gesamtbild des Wappeninhaltes, während die historischen Bildmotive, die auf das Mittelalter zurückgehen, unverändert geblieben sind. Völlig andere, bislang ungewohnte Wappenmotive sind mitunter in den neuen Gemeinde- und Kreiswappen zu entdecken.

Im katholisch-kirchlichen Bereich gibt es Amtswappen der Bischöfe, der Äbte und des Papstes. Bestandteil des bischöflichen Amtswappens ist einerseits das Diözesanwappen (zum Beispiel für Mainz das Rad, für Köln das Kreuz, für München-Freising der Mohrenkopf usw.) und andererseits das persönliche Wappen des jeweiligen Bischofs. In früheren Zeiten war dies gleichzeitig auch sein Familienwappen. Heute ist es häufig ein vom jeweiligen Amtsinhaber gewähltes religiöses Symbol oder eine Anspielung auf Heimat, Herkunft oder bisherigen Werdegang des Geistlichen. Überdeckt wird das Bischofswappen vom Prälatenhut.

Der Weg zum eigenen Familienwappen

Doch wie kommt der private Interessent zu einem *eigenen Familienwappen?* Die erste Frage, die sich stellen wird, ist die nach einem eventuell früher einmal in der Familie geführten Wappen, das aus irgendwelchen Gründen in Vergessenheit geriet. Zur Klärung dieser Frage ist eine intensive Nachforschung in Archiven, Bibliotheken und Museen notwendig. Selbstverständlich verfügen auch viele genealogische Vereinigungen, vor allem aber der heraldische Verein *Herold* in Berlin (siehe Anschriftenverzeichnis), über entsprechende Sammlungen und Register, aus denen Auskünfte gegeben werden können.

In den meisten Fällen wird jedoch die Suche nach einem überlieferten Wappen erfolglos sein. Die Wappenführung war zwar frei, wurde aber trotzdem nur von einer Minderheit der Familien genutzt. Selbst wenn man auf ein Wappen stößt, das mit dem eigenen Namen verbunden ist, wird man zunächst einmal prüfen müssen, ob man überhaupt zur führungsberechtigten Familie gehört: Namensgleichheit ist nicht automatisch auch Wappengleichheit! Somit wird von der Mehrzahl der an einem eigenen Familienwappen Interessierten über die Gestaltung und Annahme eines neuen Wappens nachgedacht werden müssen.

Bei dem neuen Wappen ist vor allem darauf zu achten, daß es nicht mit einem bereits bestehenden Wappen deckungsgleich ist oder ihm so äh-

Familienwappen
(von links oben nach unten):
Maurerkellen und Maurergiebel, Familienwappen Maurer; Turm und Signalhorn, Familienwappen Wächter; Rad und Seil, Familienwappen Wagenseil; Rohrkolben und Mühlrad, Familienwappen Riedmüller; Gartenzaun und Baum, Familienwappen Baumgartner; springender Hirsch und Dreiberg, Familienwappen Springer.

nelt, daß es mit ihm verwechselt werden kann. Selbstverständlich sollten auch die bereits erwähnten heraldischen Regeln, vor allem bezüglich der Farbgebung, genau befolgt werden. Die Anzahl der Farben sollte sogar auf höchstens drei beschränkt werden. Die gleiche Schlichtheit wie bei den Farben empfiehlt sich auch bei den Symbolen, jede Überhäufung des Wappens mit einer Vielzahl von Symbolen ist unbedingt zu vermeiden. Als Faustregel gilt: je einfacher das Wappen gestaltet ist, desto größer ist seine Aussagekraft!

Die Ausarbeitung des neuen Familienwappens sollte nicht nur der Phantasie überlassen bleiben. Man ist gut beraten, wenn man als Laie die Hilfe eines Fachmannes in Anspruch nimmt. Das kann ein Berufsheraldiker sein, aber auch ein in heraldischen Farben erfahrener Historiker, Archivar, Museumsexperte usw. Anschriften von Berufsheraldikern können den genealogischen Fachzeitschriften entnommen oder über die verschiedenen Vereinigungen vermittelt werden. Allerdings gibt es – genau wie beim Berufsgenealogen – keinen Studien- oder Berufsausbildungsgang für Heraldiker. Berufsheraldiker kann jeder werden, der sich dazu berufen fühlt, wobei zeichnerisches Talent sowie historisches, genealogisches und heraldisches Grundwissen jedoch Voraussetzungen sind. Vor der Konsultation oder gar der Auftragserteilung an einen Berufsheraldiker sollte man sich Referenzen und Werkproben zeigen lassen, um keine bösen Überraschungen zu erleben.

Nicht ratsam ist es übrigens, das neue Familienwappen im großen Verwandtenkreis »durchzudiskutieren«. Erfahrungsgemäß läßt sich das Gebot der Schlichtheit danach auch nicht mehr ansatzweise verwirklichen, da eine Vielzahl von Wünschen nach zusätzlichen Symbolen und Verzierungen vorgebracht werden wird.

Noch bevor man Entscheidungen zur Farbgebung und Aufgliederung des Wappens trifft, wird man sich Gedanken über das zentrale Motiv machen müssen. Natürlich können auch mehrere Motive in symbolischer Art eingearbeitet werden, doch sei nochmals betont: Schlichtheit ist Trumpf, Übersichtlichkeit fördert die Aussagekraft. Bei der Motivsuche gibt es eine Reihe verschiedener Ansatzpunkte, von denen man ausgehen kann, deren Für und Wider man aber mit Bedacht abwägen sollte.

Völlig abzuraten ist von einer *zu starken Personalisierung* des Wappens. Wer ein Familienwappen so konzipiert, daß es vor allem Aussagen über die eigene Person und vielleicht noch gewisse Bezüge zur Familie der Ehefrau enthält, handelt kurzsichtig und grenzt den Kreis der möglichen Wappenführer unnötig ein. Noch nicht einmal die eigenen Geschwister und deren Nachkommen könnten dieses Wappen annehmen.

Gerade bei bürgerlichen oder bäuerlichen Familien kann es vorkommen, daß alle Forschungsarbeit zwar kein altes Familienwappen, wohl aber eine alte Hausmarke zutage fördert. Schon seit Jahrhunderten fanden Hausmarken immer wieder Eingang in neu entstehende nichtadelige Familienwappen. Zwar wird die Einbeziehung von Hausmarken in Wappen von verschiedenen orthodoxen Heraldikern nicht gern gesehen, für den an der Schaffung eines Familienwappens Interessierten jedoch kann die neu entdeckte alte Hausmarke der Familie ein wichtiger Gesichtspunkt für die Motivwahl sein.

Wo immer es möglich ist, sollte man sich ein *redendes Wappen* zulegen. Beispiele für solche redende Wappen gab es bei bekannten Familien der Vergangenheit in großer Zahl. So führte die Familie Fichte Fichtenbäume in ihrem Wappen, ein Lilienzepter mit einer Krone gehörte zum Wappen der Liliencrons, bei Münchhausen war es ein Mönch, bei Eichendorff ein Eichenast.

Gerne wird bei der Annahme neuer Wappen *Bezug auf Berufe* genommen, die in der Stammlinie eine wichtige Rolle spielten. Hierin liegt jedoch eine gewisse Gefahr. Wer die Familiengeschichte bis in die Zeit vor der Industrialisierung zurückverfolgt, wird in über achtzig Prozent der Fälle auf Vorfahren stoßen, die in der Landwirtschaft tätig waren. Daraus resultierte in den letzten Jahrzehnten eine wahre Flut von neugeschaffenen Wappen mit landwirtschaftlichen Symbolen wie Ähren, Pflügen, Sicheln, Rechen usw.

Initialen als Schildfiguren heutiger Wappen
(von links oben nach unten):
Sparren = A, Familienwappen Adam; rechte Spitze = K, Familienwappen Konrad; Flankenschräglinksbalken = N, Familienwappen Nagel; rechte Fußflanke = L, Familienwappen Löwinger; Hauptpfahl = T, Familienwappen Türmer; zwei gestürzte Spitzen = W, Familienwappen Winter.

Nun sollen Wappen, wie eingangs gesagt wurde, eine unterscheidende Funktion haben – bei einer immer wiederkehrenden Sichelsymbolik zum Beispiel ist das kaum noch durchführbar. Berufliche Bezüge sollten daher bei neuen Wappen nur gewählt werden, wenn es sich um besonders bemerkenswerte oder seltene Berufe handelt.

Weitere Möglichkeiten der Motivwahl sind *Dienstverhältnisse* des »Stammvaters« zu einer höher gestellten Persönlichkeit, das Wappen des Herkunftsgebietes der Familie oder das einer Stadt, in der die Familie lange ansässig war oder ist. In diesen Fällen wird man für das eigene Wappen Entlehnungen aus dem Wappen des damaligen Dienstherrn, aus dem der Region oder dem des Ortes machen. Diese Entlehnungen können farblicher Art sein, aber auch in der Übernahme von einzelnen Symbolen bestehen. Gerade bei dieser Vorgehensweise ist jedoch äußerste Vorsicht und eingehende Beratung mit einem erfahrenen Heraldiker notwendig, um Plagiate oder die Zusammenstellung von grundsätzlich nicht zu vereinbarenden Elementen zu vermeiden!

Das Schicksal der Familie, hervorragende Taten eines Vorfahren und ähnliches, können weitere Gesichtspunkte bei der Wahl des Motivs sein. Hier sollte man berücksichtigen, daß ein Wappen keine ganze Geschichte erzählen, sondern nur markante Momente dieser Geschichte in einem oder einigen wenigen Symbolen verdeutlichen kann. Die Gefahr einer Überfrachtung und daraus resultierenden Unübersichtlichkeit des Wappens ist bei dieser Art von Motivwahl besonders groß.

Ist ein neues Wappen fertig gestaltet, von einem Fachmann positiv begutachtet und von der Familie akzeptiert worden, stellt sich die Frage nach seiner Sicherung für kommende Generationen. Eine Möglichkeit dazu ist die Eintragung in eine *Wappenrolle*. Besonders zu empfehlen ist in diesem Zusammenhang die »Deutsche Wappenrolle« des Vereins *Herold* in Berlin. Sie wird von dem führenden genealogisch-heraldischen Fachverein Westdeutschlands betreut, der über ein umfassendes Register mit Wappennachweisen verfügt. Hier kann nachgeprüft werden, ob es das gleiche Wappen oder ein sehr ähnliches nicht schon gibt und ob alle heraldischen Regeln auch eingehalten und bei der Gestaltung berücksichtigt wurden.

Auf regionaler Ebene gibt es die von der »Arbeitsgemeinschaft familienkundlicher Gesellschaften in Hessen« geführte »Hessische Wappenrolle«. Sie nimmt nur Wappen von Familien an, die entweder aus Hessen stammen oder seit mindestens drei Generationen in Hessen ansässig sind.

Daneben bestehen mehrere kommerzielle Wappenrollen und Wappenforschungsinstitute. Bei ihnen steht natürlich die Erwirtschaftung eines Gewinns im Mittelpunkt, so daß die Bearbeitungs- und Eintragungsgebühren erheblich höher sein können, als bei den von den Vereinen unterhaltenen Wappenrollen.

Die erfolgte Eintragung in eine Wappenrolle ist für den Einsender des Wappens die Bestätigung, daß an seinem Entwurf nichts auszusetzen ist. Nun kann von dem Wappen auf die verschiedenste Art und Weise Gebrauch gemacht werden. Es kann den *Briefkopf* oder die *Visitenkarten* schmücken, auf *Wappenringen* erscheinen und dergleichen mehr. Für Gewerbetreibende ist wohl auch eine kommerzielle Nutzung, zum Beispiel auf Geschäftsbriefen und -drucksachen, Verpackungen usw., von Interesse. Insbesondere Weinbaufirmen arbeiten in ihrer Werbung gern mit Hinweisen auf die Familientradition, Wappen zieren oft die Flaschenetiketten.

Eventuell eignet sich das Wappen auch als Vorlage für ein *Familiensiegel.* Ein entsprechendes Petschaft wird man bei einem Graveur anfertigen lassen können. In einigen Familien gibt es den Brauch, eine *Familienflagge* zu führen, die bei besonderen Gelegenheiten vor dem Haus aufgezogen wird. Selbst die durch und durch republikanische Familie des früheren Bundespräsidenten Heinemann führt zum Beispiel eine solche Familienflagge, die während des Aufenthaltes der Familie in ihrem Ferienhaus an der Nordseeküste stets aufgezogen ist und die Anwesenheit signalisiert. Auch für Entwurf und Anfertigung einer solchen Flagge kann das Wappen als Vorlage dienen.

Andere historische Hilfswissenschaften

Namenkunde

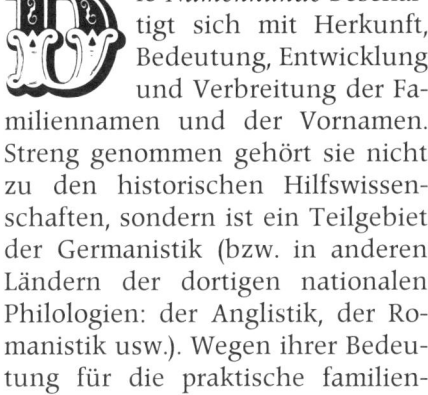ie *Namenkunde* beschäftigt sich mit Herkunft, Bedeutung, Entwicklung und Verbreitung der Familiennamen und der Vornamen. Streng genommen gehört sie nicht zu den historischen Hilfswissenschaften, sondern ist ein Teilgebiet der Germanistik (bzw. in anderen Ländern der dortigen nationalen Philologien: der Anglistik, der Romanistik usw.). Wegen ihrer Bedeutung für die praktische familienkundliche Forschung soll sie jedoch an dieser Stelle behandelt werden. Bereits im Abschnitt über die Erstellung der Familienchronik ist darauf hingewiesen worden, daß auch die Kenntnis von der Herkunft des *Familiennamens* für den Forscher von Interesse sein kann. Der Name ermöglicht zum Teil Rückschlüsse auf Beruf oder Eigenschaften eines Vorfahren, aber auch auf das Land oder die Region, aus dem der »Stammvater« der Familie einst kam.

Daß die vielen Jankowskis und Schimanskis im Ruhrgebiet von polnischen Vorfahren (meist von im letzten Jahrhundert bzw. in der Zeit vor dem Ersten Weltkrieg eingewanderten polnischen Bergleuten) abstammen, ist allgemein bekannt. Die im Rheinland und in der Pfalz häufig anzutreffenden Namen französischen Klangs (Cordier, Delorme, Lafontaine usw.) deuten auf die vielfältigen, oft durch kriegerische Besetzung, aber auch durch Handel und Wandel bedingten Verbindungen des äußersten Westens Deutschlands zu Frankreich und der belgischen (französischsprachigen) Wallonie hin. In anderen Teilen des deutschen Sprachraumes sind französisch klingende Familiennamen oft ein Hinweis auf die Abkunft von hugenottischen Glaubensflüchtlingen (berühmtes Beispiel: Theodor Fontane). Allerdings muß an dieser Stelle auch einmal ausdrücklich darauf hingewiesen werden, daß viele französisch-hugenottische Namen in den seit der Einwanderung vergangenen Jahrhunderten so stark eingedeutscht wurden, daß ihre ursprüngliche Form und Herkunft nicht mehr ohne weiteres festgestellt werden kann.

Aber nicht nur eine möglicherweise ausländische Herkunft der Familie kann aus dem Namen abgelesen werden. Vielmehr lassen sich teilweise auch Rückschlüsse auf bestimmte Herkunftsgebiete innerhalb des deutschsprachigen Raumes ziehen. Ein Familienforscher namens Häberle oder Reichle wird mit einiger Sicherheit eine Abkunft von süddeutschen Vorfahren vermuten können, auch wenn schon der Großvater in Hamburg oder Bremen geboren war. Namen mit der Endung -sen (Dirksen, Cornelsen, Paulsen) deuten dagegen auf Norddeutschland als Herkunftsgebiet hin. Erst seit dem letzten Jahrhundert begannen sich die verschiedenen regionaltypischen Namen in stärkerem Maße auch in andere Regionen hinein zu verbreiten.

Weiß man über die Herkunft des einen oder anderen Vorfahren nichts Genaues, weil sich vielleicht aus den Unterlagen der Standesämter und Pfarreien ein »toter Punkt« ergeben hat, kann es unter Umständen der Name sein, der ein wenig weiterhilft und zumindest auf die Region hindeutet, in der weitergesucht werden muß. Bei einer Vielzahl von Familiennamen lassen sich allerdings keine derartigen Rückschlüsse ziehen.

Auch die *Vornamen* können dem Familienforscher zum Teil wichtige Hinweise geben. Trägt ein männlicher Vorfahre den Beinamen Maria, so wird man annehmen können, daß er katholischer Konfession war, auch wenn die schriftlichen Quellen darüber keine direkte Auskunft geben. Heißt er Gustav, deutet das in vielen Fällen auf protestantische Konfession hin. Der Vorname Alois läßt Süddeutschland als Herkunftsgebiet vermuten usw. Schlußfolgerungen dieser Art müssen nicht in jedem Einzelfall stimmen, ihnen liegen keine festen Regeln, sondern vor allem Erfahrungswerte zugrunde. Doch ist ihr Wahrscheinlichkeitsgrad sehr hoch. Generell sollte man bei der Bestimmung der regionalen Herkunft oder der Konfession anhand des Namens sehr vorsichtig und gewissenhaft und stets unter Hinzuziehung entsprechender Fachliteratur vorgehen. Allzu forsche Interpretationen waren und sind oft die Grundlage für die schönsten (aber leider völlig irrigen) Familienlegenden.

Eine gewisse Hilfe kann auch die *Ortsnamenkunde* bieten, die sich mit Entstehung, Bedeutung und Verbreitung der Namen von Städten, Dörfern, Siedlungen usw. befaßt. Heißt es zum Beispiel von einem Vorfahren, er sei in Hilkenbrook geboren, so kann man Nachforschungen im süddeutschen Raum unterlassen und sich bei der Suche nach diesem Ort auf den Norden konzentrieren: die Endung -brook kommt nur in Norddeutschland vor (Hilkenbrook liegt bei Friesoythe in der Nähe von Bremen). Andere Endungen, wie zum Beispiel -ach und -ingen, sind dagegen typisch für Süd- und Südwestdeutschland und finden sich in anderen Gegenden nur relativ selten.

Relativ einfach ist die Suche nach einem in einer Urkunde genannten Ort, wenn dieser auch heute noch als selbständige Gemeinde existiert. Er wird dann im offiziellen Verzeichnis der Postleitzahlen zu finden sein. Daneben gibt es Ortsverzeichnisse für einzelne Bundesländer, die auch nichtselbständige Siedlungen, Gemeindeteile und kleine Wohnplätze außerhalb der

Ortslagen erfassen. Schwieriger wird es bei Orten und Siedlungen, die vielleicht schon im 18. oder 19. Jahrhundert mit einem anderen Ort verschmolzen sind und deren früherer Name heute nicht mehr in amtlichen Verzeichnissen genannt wird. Hinzuweisen ist auch auf das Phänomen der sogenannten *Wüstungen,* d.h. der Siedlungsplätze, die von den früheren Bewohnern völlig aufgegeben wurden und zerfielen. Besonders in der Zeit des Dreißigjährigen Krieges geschah das sehr oft. Hier helfen besondere Verzeichnisse weiter, die auch historische Ortsnamen sowie Flurnamen (die sich manchmal von Wüstungen herleiten) auflisten, und die in wissenschaftlichen Bibliotheken entliehen oder eingesehen werden können.

Zur Namen- und Ortsnamenkunde gibt es eine so umfangreiche Spezialliteratur, daß hier darauf verzichtet werden muß, deren Inhalt auch nur ansatzweise wiederzugeben. Jeder Familienforscher ist gut beraten, sich einen gewissen Überblick über dieses Fachgebiet zu verschaffen, um seinen Nutzen daraus ziehen sowie unhaltbare familiengeschichtliche Spekulationen und Legenden vermeiden und korrigieren zu können.

Zeitrechnungskunde *(Chronologie)*

Die Zeitrechnungskunde stellt eine weitere, für den Familienforscher in zahlreichen Fällen wichtige Hilfswissenschaft dar. Das heutige System der Zeitrechnung und Zeiteinteilung ist noch relativ jung und war zeitweilig durch politische Entscheidungen außer Kraft gesetzt. So galt lange Zeit noch der Julianische Kalender, der auf die alte römische Zeitrechnung zurückgeht. Im deutschsprachigen Raum wurde der heute gültige Gregorianische Kalender in den verschiedenen Territorien zwischen 1583 und dem Anfang des 19. Jahrhunderts eingeführt, zuletzt im schweizerischen Kanton Graubünden im Jahre 1812. Verschiedene osteuropäische Länder führten den Gregorianischen Kalender sogar erst zu Beginn des 20. Jahrhunderts ein, die Sowjetunion im Jahre 1923. Der zeitliche Unterschied zwischen beiden Kalendern macht bis zum 1. März 1700 10 Tage, bis zum 1. März 1800 11 Tage und bis zum 1. März des Jahres 1900 12 Tage aus. Dabei »hinkt« der Julianische Kalender hinterher: der 11. März 1790 des Julianischen Kalenders entspricht dem 22. März 1790 unserer heutigen (auf dem Gregorianischen Kalender aufbauenden) Zeitrechnung.

Vornehmlich im Rheinland war der Gregorianische Kalender während der Zeit der Besetzung durch französische Revolutionstruppen außer Kraft gesetzt. An seine Stelle trat der *Revolutionskalender der Französischen Republik.* Dieser wurde 1793 eingeführt (und zwar rückwirkend

HISTORISCHE HILFSWISSENSCHAFTEN

Kalender der ersten französischen Republik 1792 – 1805

1. Jahre und Monatsanfänge

Tag	Monat	Jahr II = 1793/4, III = 1794/5, V = 1796/7, VI = 1797/8, VII = 1798/9		Jahr IV = 1795/6		Jahr VIII = 1799/1800, IX = 1800/1, X = 1801/2, XI = 1802/3, XIII = 1804/5, XIV = 1805		Jahr XII = 1803/4	
1.	Vendémiaire	O	22. Sept.			Q	23. Sept.	S	24. Sept.
1.	Brumaire	L	22. Okt.			P	23. Okt.	R	24. Okt.
1.	Frimaire	K	21. Nov.			O	22. Nov.	Q	23. Nov.
1.	Nivôse	G	21. Dez.			L	22. Dez.	P	23. Dez.
1.	Pluviôse	E	20. Jan.			G	21. Jan.	L	22. Jan.
1.	Ventôse	H	19. Febr.			M	20. Febr.	N	21. Febr.
1.	Germinal			G	21. März			L	22. März
1.	Floréal			F	20. April			K	21. April
1.	Prairial			E	20. Mai			G	21. Mai
1.	Messidor			D	19. Juni			F	20. Juni
1.	Thermidor			C	19. Juli			E	20. Juli
1.	Fructidor			B	18. Aug.			C	19. Aug.

Jahr	II, IV, V, VI	III, VII	VIII, IX, X, XII, XIII	XI
jours complémentaires	17.–21. Sept.	17.–22. Sept.	18.–22. Sept.	18.–23. Sept.

2. Umsetzung der Monatstage

	1	2	3	4	5	6	7	8	9	10	11	12	13	14	15	16	17	18	19	20	21	22	23	24	25	26	27	28	29	30
A	17	18	19	20	21	22																								
B	18	19	20	21	22	23	24	25	26	27	28	29	30	31	1	2	3	4	5	6	7	8	9	10	11	12	13	14	15	16
C	19	20	21	22	23	24	25	26	27	28	29	30	31	1	2	3	4	5	6	7	8	9	10	11	12	13	14	15	16	17
D	19	20	21	22	23	24	25	26	27	28	29	30	1	2	3	4	5	6	7	8	9	10	11	12	13	14	15	16	17	18
E	20	21	22	23	24	25	26	27	28	29	30	31	1	2	3	4	5	6	7	8	9	10	11	12	13	14	15	16	17	18
F	20	21	22	23	24	25	26	27	28	29	30	1	2	3	4	5	6	7	8	9	10	11	12	13	14	15	16	17	18	19
G	21	22	23	24	25	26	27	28	29	30	31	1	2	3	4	5	6	7	8	9	10	11	12	13	14	15	16	17	18	19
H	19	20	21	22	23	24	25	26	27	28	1	2	3	4	5	6	7	8	9	10	11	12	13	14	15	16	17	18	19	20
I	20	21	22	23	24	25	26	27	28	29	1	2	3	4	5	6	7	8	9	10	11	12	13	14	15	16	17	18	19	20
K	21	22	23	24	25	26	27	28	29	30	1	2	3	4	5	6	7	8	9	10	11	12	13	14	15	16	17	18	19	20
L	22	23	24	25	26	27	28	29	30	31	1	2	3	4	5	6	7	8	9	10	11	12	13	14	15	16	17	18	19	20
M	20	21	22	23	24	25	26	27	28	1	2	3	4	5	6	7	8	9	10	11	12	13	14	15	16	17	18	19	20	21
N	21	22	23	24	25	26	27	28	29	1	2	3	4	5	6	7	8	9	10	11	12	13	14	15	16	17	18	19	20	21
O	22	23	24	25	26	27	28	29	30	1	2	3	4	5	6	7	8	9	10	11	12	13	14	15	16	17	18	19	20	21
P	23	24	25	26	27	28	29	30	31	1	2	3	4	5	6	7	8	9	10	11	12	13	14	15	16	17	18	19	20	21
Q	23	24	25	26	27	28	29	30	1	2	3	4	5	6	7	8	9	10	11	12	13	14	15	16	17	18	19	20	21	22
R	24	25	26	27	28	29	30	31	1	2	3	4	5	6	7	8	9	10	11	12	13	14	15	16	17	18	19	20	21	22
S	24	25	26	27	28	29	30	1	2	3	4	5	6	7	8	9	10	11	12	13	14	15	16	17	18	19	20	21	22	23

Benutzungsanleitung

a) Welches Datum nach dem christlichen Kalender ist der 11. Frimaire des Jahres XIII der Republik (= Krönung Napoleons)? Nach Abb. 1 fällt das Jahr XIII der Republik in den Zeitraum 1804/1805 n. Chr. Der 1. Frimaire ist der 22. November (1804), der in Abb. 1 mit dem Buchstaben O versehen ist. Auf der Abb. 2 ist dann unter dem genannten Buchstaben (O) die Spalte des französischen Monatstages (11) zu suchen. Die dort eingetragene 2 bezeichnet den 2. Tag des folgenden Monats, also den 2. Dezember 1804, als das gesuchte Datum.

b) Auf welchen Tag des französischen Revolutionskalenders fällt der 28. Juli 1794 (= Hinrichtung Robespierres)? Nach Abb. 1 beginnt am 19. Juli 1794 der 1. Thermidor des Jahres II der Republik; bis zum 28. Juli sind also noch 9 Tage hinzuzuzählen, so daß es sich bei dem zu ermittelnden Datum um den 10. Thermidor des Jahres II der Republik handelt.

Da sich Monate und Jahre der beiden Kalender nicht decken, ist stets auf den entsprechenden Wechsel zu achten.

ab dem 22. September 1792) und am 31.12.1805 wieder zugunsten des Gregorianischen Kalenders aufgehoben. Die nebenstehenden Tabellen machen einen Vergleich der seinerzeit gebräuchlichen Daten mit den heutigen möglich. Besonders in den ersten Jahrgängen der standesamtlichen Register des Rheinlandes ist der Familienforscher laufend mit der französischen Zeitrechnungssystematik der Revolutionszeit konfrontiert, die das Jahr in zwölf Monate zu 30 Tagen sowie 5 »monatsfreie« Schalttage teilte, andere Monatsanfänge und vor allem völlig andere Monatsnamen kannte.

Schriftkunde *(Paläographie)*

Auf die Notwendigkeit für den Familienforscher, sich Kenntisse der alten Schriftformen anzueignen, ist bereits im Abschnitt über die Kirchenbuchforschungen eingegangen worden. Die Schriftkunde beschäftigt sich mit der geschichtlichen Entwicklung der Schrift, sowohl bezüglich der einzelnen Buchstaben und Zeichen als auch bezüglich ihres Verhältnisses zueinander (Verbindungen von Buchstaben, Schriftarten mit isolierten Buchstaben usw).
Schrift war bis zur Erfindung des Buchdruckes mit beweglichen Lettern durch Johannes Gutenberg im 15. Jahrhundert fast ausschließlich Handschrift. Die Entwicklung der Druckkunst förderte mit der Zeit eine gewisse Festigung und Normierung der Schrifttypen, die aber dennoch einer Reihe weiterer Wandlungen unterworfen waren. Zudem war der Buchsatz und -druck nur größeren Auflagen vorbehalten. Selbst behördliche Rundschreiben an nachgeordnete Ämter wurden noch bis weit ins 19. Jahrhundert hinein handschriftlich hergestellt und dann auf lithographische Weise vervielfältigt. Erst die Erfindung und Verbreitung der Schreibmaschine führte gegen Ende des letzten Jahrhunderts im behördlichen Schriftverkehr zu einem einheitlicheren und besser lesbaren Bild der Urkunden, Vervielfältigungen usw.
Über die Geschichte der Schrift liegt eine mannigfaltige Fachliteratur vor, die in der Regel auch Schriftbeispiele aus verschiedenen Epochen mit entsprechenden Erklärungen enthält. Wer im Laufe seiner familiengeschichtlichen Forschungsarbeit mit immer älteren schriftlichen Quellen konfrontiert ist, kommt nicht umhin, Titel aus dieser Fachliteratur zu Rate zu ziehen.

Schrift des 17. Jahrhunderts

Sphragistik, historische Metrologie, Vexillologie, Diplomatik, historische Kartographie

Eine Reihe weiterer, dem Laien kaum bekannter historischer Hilfswissenschaften, kann dem Familienforscher in manchen Fällen wertvolle Aufschlüsse über das Leben seiner Vorfahren und die Bedeutung bestimmter Quellen geben.

So beschäftigt sich die *Sphragistik,* die *Siegelkunde,* mit der Entwicklung und Gestaltung von Siegeln. Die Kenntnis gewisser sphragistischer Fachbegriffe und Regeln kann unter Umständen von Vorteil sein, wenn man auf alte Familiensiegel oder überhaupt auf gesiegelte Urkunden stößt. Sie ist natürlich Voraussetzung, wenn ein eigenes Familiensiegel entworfen werden soll. Enge Bezüge gibt es zwischen der Sphragistik und der Heraldik.

Das Fachgebiet der *historischen Metrologie* umfaßt die höchst unterschiedlichen, früher meist von Herrschaftsgebiet zu Herrschaftsgebiet wechselnden Maß- und Gewichtseinteilungen. Erfährt man zum Beispiel aus einer alten Urkunde, daß ein Vorfahre »zehn Morgen Land« besaß, so stellt sich zum einen die Frage, welche »Morgen« gemeint waren (es gab die unterschiedlichsten Definitionen dieser Flächenmaßeinheit), zum anderen wird man daran interessiert sein, diese Angabe in

SPHRAGISTIK

Siegel

1. Siegel des Waleran Graf von Meulan und Worcester, erste Hälfte des 12. Jahrhunderts. Eines der ältesten Siegel mit einer heraldischen Zeichnung (auf Pferdedecke und Fahne). Zeichnung von Donald Lindsay Galbreath.

2. Siegel des Königs Ottokar von Böhmen (1233–1278) mit insgesamt vier Wappen (Löwenschild am Pferdehals, Adlerschild an der Vorderhand des Pferdes, Balkenschild am Arm, Pantherschild an der Hinterhand des Pferdes).

3. Siegel des Hans Lenzburger. Sanduhr und Totenkopf sollen an die Vergänglichkeit alles Irdischen gemahnen (Schweiz, um 1520).

4. Siegel des Reformators Martin Luther (1483–1546).

5. Siegel des Reformators Johannes Calvin (1509–1564).

6. Siegel des Hans Gensfleisch, genannt Gutenberg, um 1440. Aus diesem Geschlecht stammt der Erfinder des Buchdrucks.

Hektar oder Quadratmeter umrechnen zu können. Es gibt mehrere Tabellenwerke und Übersichten, die in dieser Hinsicht hilfreich sind und vor allem eine Umrechnung ermöglichen.

Die *Vexillologie* beschäftigt sich mit Geschichte und Bedeutung von Flaggen und wird für den Familienforscher meist nur in Sonderfällen (z.B. bei Existenz einer früheren Familienflagge oder von Zeichnungen, auf denen ein Vorfahren mit einer bestimmten Flagge abgebildet ist) von Interesse sein. Zum Teil gelten bei ihr ähnliche Regeln wie bei der Heraldik.

Die *Diplomatik* untersucht die Gestaltung von Urkunden zu verschiedenen Zeiten. Sie kann vor allem bei Urkunden ohne Datierung oder bei Echtheitsprüfungen auch für den Familienforscher wichtig werden.

Die *historische Kartographie* schließlich rekonstruiert alte Stadtpläne und Landkarten und wertet noch vorhandenes altes Kartenmaterial aus. Sie kann dem Familienforscher helfen, die Lage des Hauses oder Gehöftes seiner Vorfahren in einer Landschaft oder in einem Ort genauer zu bestimmen.

Die Vertiefung in die eine oder andere dieser oft sehr interessanten Hilfswissenschaften kann mit der Zeit ein neues Hobby werden, das vielleicht neben die Familiengeschichtsforschung tritt. All diese Fachgebiete eröffnen jedenfalls wichtige Einblicke in das Leben früherer Zeiten und machen somit unser Bild von der Vergangenheit weitaus farbiger und lebendiger, als es die trockene Aneinanderreihung historischer Daten kann.

Literaturverzeichnis
Allgemeine Nachschlagewerke, Handbücher Bibliographien und Grundlagenschriften zur Familienforschung

Beuys, Barbara: Familienleben in Deutschland. Neue Bilder aus der deutschen Vergangenheit. Reinbek 1980
Conze, Werner (Hrsg.): Sozialgeschichte der Familie in der Neuzeit Europas. Stuttgart 1977
Familiengeschichtliche Bibliographie. Hrsg. unter dem Schutze der Arbeitsgemeinschaft Deutscher Familien- und Wappenkundlicher Vereine von der Zentralstelle für Deutsche Personen- und Familiengeschichte. Leipzig (später: Neustadt a.d. Aisch) 1928 ff.
Heydenreich, Eduard (Hrsg.): Handbuch der praktischen Genealogie. 2 Bände, Leipzig 1913 (unveränderter Nachdruck Neustadt a.d. Aisch 1971)
Lorenz, Otto: Lehrbuch der gesamten wissenschaftlichen Genealogie. Berlin 1898
Prittwitz und Gaffron, Hans von: Verzeichnis der gedruckten Familiengeschichten Deutschlands und der angrenzenden Länder und Landestheile. Berlin 1882
Ribbe, Wolfgang/Henning, Eckart (Hrsg.): Handbuch der Genealogie. Neustadt a.d. Aisch 1972
Ribbe, Wolfgang./Henning, Eckart (Hrsg.): Taschenbuch für Familiengeschichtsforschung. Begründet von Friedrich Wecken. 9., erweiterte und verbesserte Auflage Neustadt a.d. Aisch 1980 (Mit sehr umfangreichen Literaturhinweisen.)
Der Schlüssel. Gesamtinhaltsverzeichnisse mit Ortsquellennachweis für genealogische, heraldische und historische Zeitschriftenreihen. Göttingen 1950 ff.

Literatur zur familienkundlichen Praxis

Friederichs, Heinz F. (Bearbeiter): Familienarchive in öffentlichem und privatem Besitz. Band 1 (2. Auflage) Neustadt a.d. Aisch 1980, Band 2 Neustadt a.d. Aisch 1977
Lachat, P.: Lateinische Bezeichnungen in alten Kirchenbüchern. Neustadt a.d. Aisch 1960
Liebich, Curt: Winke für familiengeschichtliche Forschungsreisen. 2., neubearbeitete Auflage Neustadt a.d. Aisch 1967
Roesler, Gottfried: Leitfaden für familiengeschichtliche Forschungen. Ihr Sinn, ihre Ordnung, ihr Verfahren. Neustadt a.d. Aisch 1957
Roesler, Gottfried: Neuzeitliche Darstellungsformen familiengeschichtlicher Forschungsergebnisse am Beispiel des Deutschen Familienarchivs, Bd. 1-12. Neustadt a.d. Aisch 1960
Verdenhalven, Fritz: Familienkundliches Wörterbuch. 2., wesentlich erweiterte Auflage Neustadt a.d. Aisch 1969
Wentscher, Erich/Mitgau, Hermann: Einführung in die praktische Genealogie. 4. Auflage, Limburg/Lahn 1966

LITERATURVERZEICHNIS

Literatur zur Heraldik und anderen Hilfswissenschaften

Alberti, Hans-Joachim von: Maß und Gewicht. Geschichtliche und tabellarische Darstellungen von den Anfängen bis zur Gegenwart. Berlin 1957
Arnstwaldt, Werner Konstantin von: Handschriftenkunde für Familienforscher. Leipzig 1925 (Unveränderter Nachdruck Neustadt a.d. Aisch 1978)
Bahlow, Hans: Deutsches Namenslexikon. Familien- und Vornamen nach Ursprung und Sinn erklärt. Neustadt a.d. Aisch 1976
Brandt, A. von: Werkzeug des Historikers. Eine Einführung in die historischen Hilfswissenschaften. 9. Auflage, Stuttgart/Berlin/Köln/Mainz 1980
Bresslau, Harry/Klewitz, Hans-Werner: Handbuch der Urkundenlehre für Deutschland und Italien, 2. Auflage, Band 1-3, Darmstadt 1931-1960
Henning, Eckart: Nachweise bürgerlicher Wappen in Deutschland 1937-1973. Genealogische Informationen Bd. 2, Neustadt an der Aisch 1975
Henning, Eckart: Nachweise bürgerlicher Wappen in Deutschland 1973-1983. Genealogische Informationen, Bd. 18, Neustadt an der Aisch 1985
Henning, Eckart/Jochums, Gabriele: Bibliographie zur Heraldik. Schrifttum Deutschlands und Österreichs bis 1980. Bibliographie der historischen Hilfswissenschaften, Bd. 1, Köln 1984
Gottschald, Max: Deutsche Namenkunde. 4. Auflage, Berlin 1970
Grotefend, Hermann: Taschenbuch der Zeitrechnung des deutschen Mittelalters und der Neuzeit. Für den praktischen Gebrauch zu Lehrzwecken entworfen. 11. Auflage, hrsg. von Theodor Ulrich, Hannover 1971
Grun, Paul Arnold: Schlüssel zu alten und neuen Abkürzungen, Limburg a.d. Lahn 1966
Kenfenheuer, Johann Josef: Alphabetisches Namensregister bürgerlicher deutscher Wappenvorkommen. Hoffnungsthal-Köln 1937
Kittel, Erich: Siegel. Braunschweig 1970
Knappe, Franz: Familienforschung und Wappenkunde. Karlsruhe o.J.
Müllers Großes Deutsches Ortsbuch. Vollständiges Gemeindelexikon. Wuppertal-Barmen 1972
Neubecker, Ottfried: Wie finde ich ein Familienwappen? Beispiele zur Gestaltung bürgerlicher Wappen. Berlin 1956
Neubecker, Ottfried: Heraldik. Wappen, ihr Ursprung, Sinn und Wert. Mit Beiträgen von J.P. Brooke-Little. Frankfurt a.M. 1977
Pedersen, Christian F.: Internationales Wappen- und Flaggenlexikon. Berlin 1970
Verdenhalven, Fritz: Alte Maße, Münzen und Gewichte aus dem deutschen Sprachgebiet. Neustadt a.d. Aisch 1968

Anschriftenverzeichnis

Genealogische Vereine und Institutionen Bundesrepublik Deutschland
Vereine und Institutionen mit überregionalem Wirkungsbereich nach ihrem Sitz

ANNABERG-BUCHHOLZ: ADAM-RIES-BUND e.V., Johannesgasse 23, 09456 Annaberg-Buchholz

BAD VILBEL: GENEALOGISCHE GESELLSCHAFT VON UTAH, (deutscher Zweig), Im Rosengarten 25a, 61118 Bad Vilbel

BENSHEIM: INSTITUT ZUR ERFORSCHUNG HISTORISCHER FÜHRUNGSSCHICHTEN e.V., Ernst-Ludwig-Str. 21, 64625 Bensheim

BERLIN: DER HEROLD, Verein für Heraldik, Genealogie und verwandte Wissenschaften, Archivstr. 12-14, 14195 Berlin (Zeitschrift: »Der Herold«, Vierteljahresschrift für Heraldik, Genealogie und verwandte Wissenschaften, Neue Folge)

BERLIN: VEREIN ZUR FÖRDERUNG DER ZENTRALSTELLE FÜR PERSONEN- UND FAMILIENGESCHICHTE e.V., Archivstr. 12-14, 14195 Berlin (Zeitschrift: »Familiengeschichtliche Blätter und Mitteilungen«)

BERLIN: ARBEITSGEMEINSCHAFT FÜR KULTURGESCHICHTE IM KULTURKREIS SIEMENS e.V., Goebelstr. 143-145, 13629 Berlin

BIELEFELD: SALZBURGER VEREIN e.V., Vereinigung der Nachkommen salzburgischer Emigranten, Memeler Str. 35, 33605 Bielefeld (Zeitschrift: »Der Salzburger«)

BRÜHL: DEUTSCHE ARBEITSGEMEINSCHAFT GENEALOGISCHER VERBÄNDE (DAGV) e.V., Schloßstr., 12, 50321 Brühl/Rheinland

DORTMUND: ROLAND ZU DORTMUND e.V., Genealogisch-Heraldische Arbeitsgemeinschaft, Postfach 10 33 26, 44033 Dortmund (Zeitschrift: »Roland zu Dortmund«)

ECKERNFÖRDE: BUND DER FAMILIENVERBÄNDE e.V., Lorenz-von-Stein-Ring 20, 24340 Eckernförde (Zeitschrift: »Blätter für Familienkunde und Familienpflege«)

ERLANGEN: GENEALOGISCHER KREIS DER KAMERADSCHAFT SIEMENS ERLANGEN e.V., Postfach 32 40, 91020 Erlangen

ANSCHRIFTENVERZEICHNIS

FRANKFURT: GRUPPE FAMILIEN- UND WAPPENKUNDE IM BUNDESBAHN-SOZIALWERK (GFW/BSW), Weißdornstr. 10, 31228 Peine-Vöhrum (Zeitschrift: »Der Eisenbahner-Genealoge«)

FRANKFURT: ZENTRALSTELLE FÜR PERSONEN- UND FAMILIENGESCHICHTE, Institut für Genealogie (rechtsfähige Stiftung), Birkenweg 13, 61381 Friedrichsdorf

FRIEDRICHSDORF: DEUTSCHER HUGENOTTEN-VEREIN e.V., Hafenplatz 9a, 34385 Bad Karlshafen (Zeitschrift: »Der Deutsche Hugenotte«)

MARBURG/LAHN: DEUTSCHES ADELSARCHIV e.V., Schwanallee 21, 35037 Marburg

WEIHERHOF: MENNONITISCHER GESCHICHTSVEREIN e.V., 67297 Weiherhof bei Marnheim

Vereine und Institutionen mit regional begrenztem Wirkungsbereich nach ihrem Sitz

AURICH/OSTFRIESLAND: OSTFRIESISCHE LANDSCHAFT, ARBEITSGRUPPE FAMILIENKUNDE (GENEALOGIE UND HERALDIK), Postfach 1580, 26585 Aurich/Ostfriesland

BERLIN: INTERESSENGEMEINSCHAFT GENEALOGIE IM KULTURBUND BERLIN e.V., Heinrich-Heine-Straße 11, 10179 Berlin

BREMEN: DIE MAUS, Gesellschaft für Familienforschung e.V., Am Staatsarchiv 1/ Fedelhören (Staatsarchiv), 28203 Bremen

BRETTEN/NORDBADEN: LANDESVEREIN BADISCHE HEIMAT, AUSSCHUSS FÜR FAMILIENFORSCHUNG, Heilbronner Str. 3, 75015 Bretten

BÜCKEBURG: ARBEITSKREIS FÜR FAMILIENFORSCHUNG, Postfach 1268, 31666 Bückeburg

CHEMNITZ: FACHGRUPPE GENEALOGIE CHEMNITZ, Straße Usti nad Labem 23, 09119 Chemnitz

DARMSTADT: HESSISCHE FAMILIENGESCHICHTLICHE VEREINIGUNG e.V., Schloß (Staatsarchiv), 64283 Darmstadt

DRESDEN: INTERESSENGEMEINSCHAFT GENEALOGIE DRESDEN, Krenkelstaße 9, 01309 Dresden

FULDA: VEREINIGUNG FÜR FAMILIEN- UND WAPPENKUNDE e.V., Taunusstr. 4, 36043 Fulda

GÖTTINGEN: GENEALOGISCH-HERALDISCHE GESELLSCHAFT, Postfach 2062, 37010 Göttingen

HAGEN/WESTFALEN: ARBEITSKREIS FÜR FAMILIENFORSCHUNG IM HAGENER HEIMATBUND e.V., Hochstraße 74, 58095 Hagen

HALLE: GENEALOGISCHER ABEND »EKKEHARD« HALLE e.V., 109/1, 06053 Halle-Neustadt

HALLE: NEUER HALLESCHER GENEALOGISCHER ABEND, Brotuffstraße 9, 06217 Merseburg

HAMBURG: GENEALOGISCHE GESELLSCHAFT e.V., Postfach 302042, 20307 Hamburg (Zeitschrift: »Zeitschrift für niederdeutsche Familienkunde«)

HANNOVER: FAMILIENKUNDLICHE KOMMISSION FÜR NIEDERSACHSEN, BREMEN SOWIE DIE ANGRENZENDEN OSTFÄLISCHEN GEBIETE e.V., Steinfeldstraße 34, 30826 Garbsen

HANNOVER: NIEDERSÄCHSISCHER LANDESVEREIN FÜR FAMILIENKUNDE e.V., Köbelingerstr. 59 (Stadtarchiv), 30159 Hannover

KASSEL: GESELLSCHAFT FÜR FAMILIENKUNDE IN KURHESSEN UND WALDECK e.V., Postfach 43 03 28, 34071 Kassel

KIEL: SCHLESWIG-HOLSTEINISCHE GESELLSCHAFT FÜR FAMILIENFORSCHUNG UND WAPPENKUNDE e.V., Postfach 38 09, 24037 Kiel

KÖLN: WESTDEUTSCHE GESELLSCHAFT FÜR FAMILIENKUNDE e.V., Postfach 10 08 22, 51608 Gummersbach (Zeitschrift: »Mitteilungen der Westdeutschen Gesellschaft für Familienkunde«)

LEIPZIG: LEIPZIGER GENEALOGISCHE GESELLSCHAFT e.V., Bahnhofstraße 95, 04448 Wiederitzsch

LUDWIGSHAFEN/RHEIN: ARBEITSGEMEINSCHAFT FÜR PFÄLZISCH-RHEINISCHE FAMILIENKUNDE e.V., Rottstr. 17, 67061 Ludwigshafen (Zeitschrift: »Pfälzisch-Rheinische Familienkunde« und »Informo-Dienst«)

LÜBECK: ARBEITSKREIS FÜR FAMILIENFORSCHUNG e.V., Mühlentorplatz 2, 23552 Lübeck (Zeitschrift: »Lübecker Beiträge zur Familien- und Wappenkunde«)

ANSCHRIFTENVERZEICHNIS

MAGDEBURG: ARBEITSGEMEINSCHAFT GENEALOGIE MAGDEBURG, Bundschuhstraße 45, 39116 Magdeburg

MÜNCHEN: BAYERISCHER LANDESVEREIN FÜR FAMILIENKUNDE e.V., Ludwigstraße 14/I (Hauptstaatsarchiv), 80539 München (Zeitschrift: »Blätter des Bayerischen Landesvereins für Familienkunde«)

MÜNCHEN: MÜNCHNER ARBEITSKREIS FÜR FAMILIENFORSCHUNG UND HEIMATGESCHICHTE, Kleiststr. 10, 85521 Ottobrunn b. München

MÜNSTER/WESTFALEN: WESTFÄLISCHE GESELLSCHAFT FÜR GENEALOGIE UND FAMILIENFORSCHUNG, Postfach 6125, 48033 Münster (Zeitschrift: »Beiträge zur westfälischen Familienforschung«)

NÜRNBERG: GESELLSCHAFT FÜR FAMILIENFORSCHUNG IN FRANKEN e.V., Archivstr. 17 (Staatsarchiv), 90408 Nürnberg (Zeitschrift: »Blätter für fränkische Familienkunde«)

OLDENBURG: OLDENBURGISCHE GESELLSCHAFT FÜR FAMILIENKUNDE, Lerigauweg 14, 26131 Oldenburg (Zeitschrift: »Oldenburgische Familienkunde«)

PLAUEN: ARBEITSKREIS VOGTLÄNDISCHER FAMILIENFORSCHER IM VEREIN FÜR VOGTLÄNDISCHE GESCHICHTE, VOLKS- UND LANDESKUNDE e.V., Weststraße 73, 08523 Plauen

SAARBRÜCKEN: ARBEITSGEMEINSCHAFT FÜR SAARLÄNDISCHE FAMILIENKUNDE, Hebbelstr. 3, 66346 Püttlingen

STUTTGART: VEREIN FÜR FAMILIEN- UND WAPPENKUNDE IN WÜRTTEMBERG UND BADEN e.V., Postfach 105441, 70047 Stuttgart (Zeitschrift: »Südwestdeutsche Blätter für Familien- und Wappenkunde«)

WEIMAR: ARBEITSGEMEINSCHAFT GENEALOGIE THÜRINGEN e.V. (AGT), Martin-Andersen-Nexö-Straße 62, 99096 Erfurt

WIESBADEN: FAMILIENKUNDLICHE GESELLSCHAFT FÜR NASSAU UND FRANKFURT e.V., Mosbacher Str. 55, 65187 Wiesbaden (Hess. Hauptstaatsarchiv)

WISMAR: HERALDISCHE FACHGRUPPE »ZUM GREIFEN« BEIM KULTURBUND e.V., Eggersstraße 4, 18059 Rostock

WUPPERTAL: BERGISCHER VEREIN FÜR FAMILIENKUNDE e.V., Zanellastr. 52, 42287 Wuppertal

Vereinigungen der Vertriebenen- und Flüchtlingsgenealogie

ARBEITSGEMEINSCHAFT FÜR MITTELDEUTSCHE FAMILIENFORSCHUNG e.V., Goldbergstr. 23, 35043 Marburg (Zeitschrift: »Mitteldeutsche Familienkunde«)

ARBEITSGEMEINSCHAFT OSTDEUTSCHER FAMILIENFORSCHER (AGoFF) e.V., Fuhrweg 29, 53229 Bonn

ARBEITSKREIS DONAUSCHWÄBISCHER FAMILIENFORSCHER (AkdFF), Goldmühlestr. 30, 71065 Sindelfingen (Zeitschrift: »Donauschwäbische Familienkundliche Forschungsblätter«)

VEREIN FÜR FAMILIENFORSCHUNG IN OST- UND WESTPREUSSEN e.V., In de Krümm 10, 21147 Hamburg

VEREINIGUNG SUDETENDEUTSCHER FAMILIENFORSCHER (VSFF), Erikaweg 58, 93053 Regensburg (Zeitschrift: »Mitteilungen der Vereinigung Sudetendeutscher Familienforscher«)

Sonstige für Familienforscher relevante Vereinigungen und Einrichtungen

BUND FREIRELIGIÖSER GEMEINDEN DEUTSCHLANDS (BFGD), Körperschaft des öffentlichen Rechts, Wörthstr. 6a, 67059 Ludwigshafen (Dachorganisation der freireligiösen Gemeinden in der Bundesrepublik, Vermittlung von Einsichtnahme in die noch vorhandenen Mitgliederbücher deutschkatholischer und freireligiöser Gemeinden des 19. Jahrhunderts)

BUND FÜR DEUTSCHE SCHRIFT, Postfach 11 10, 26189 Großenkneten (vermittelt Lehr- und Lernmittel zur deutschen Schreibschrift)

DEUTSCHER HEIMATBUND, Friedrich-Ebert-Str. 10, 53721 Siegburg (Dachorganisation der regionalen Vereinigungen für Heimatpflege und -kunde)

DEUTSCHE BURGENVEREINIGUNG e.V., Marksburg, 56338 Braubach/Rhein (Fachvereinigung für Burgengeschichte, beschäftigt sich z.T. auch mit der Familiengeschichte der Burgbesitzer bzw. -erbauer)

PERSONENSTANDSARCHIV BRÜHL, Schloß, Schloßstr. 12, 50321 Brühl

PERSONENSTANDSARCHIV DETMOLD, Willi-Hofmann-Str. 2, 32756 Detmold

DEUTSCHE DIENSTSTELLE (WASt) für die Benachrichtigung der nächsten Angehörigen von Gefallenen der ehemaligen deutschen Wehrmacht, Eichborndamm 167-209, 13403 Berlin

KRANKENBUCHLAGER BERLIN, General-Pape-Str. 64, Haus 16, 12101 Berlin

ZENTRALSTELLE DER HEIMATORTSKARTEIEN, Lessingstr. 1, 80336 München (Daten über Flüchtlinge, Vertriebene und Aussiedler)

Ausland

BELGIEN
L'Office Généalogique et Héraldique de Belgique, Parc du Cinquantenaire 10, B-1040 Bruxelles
Fédération généalogique et héraldique de Belgique, Rue Martin Lindekens 57, B-1150 Bruxelles

DÄNEMARK
Samfundet for dansk genealogi og personalhistorie, Sdr. Fasanvej 46, DK-2500 Valby
Societas Heraldica Scandinavia, Azalaevej 26, DK-2500 Valby

FRANKREICH
Fèdèration des Sociétes francaises de Généalogie, d'Héraldique et de Sigillographie, 64 rue de Richelieu, F-75002 Paris
Cercle généalogique d'Alsace, 5 rue Fischart, F-67000 Strasbourg

GROSSBRITANNIEN
The Federation of Family History Societies, Peapkin's End, 2 Stella Grove, Tollerton, Notts., NG 12, 4 EY
Institute of Heraldic and Genealogical Studies, Northgate, Canterbury, Kent CT1, 1BA

NIEDERLANDE
Nederlandse Genealogische Vereniging, postbus 976, Amsterdam

ÖSTERREICH
Heraldisch-Genealogische Gesellschaft Adler, Haarhof 4a, A-1010 Wien

SCHWEIZ
Schweizerische Gesellschaft für Familienforschung, Zentralstelle für genealogische Auskünfte, Herrengraben 3, CH-4054 Basel

Zeitschriften

Neben den verschiedenen Vereinspublikationen erscheinen noch einige genealogische Zeitschriften, die von mehreren Vereinigungen gemeinsam oder von unabhängigen Verlagen herausgegeben werden. Nachstehend eine Auswahl:

Archiv für Sippenforschung, c/o C.A. Starke-Verlag, Postfach 1310, 65533 Limburg/Lahn
Computergenealogie, Dipl.-Ing. Karl B. Thomas, Postfach 1344, 59853 Meschede
Familienkundliche Nachrichten, c/o Verlag Degener & Co., Postfach 1340, 91403 Neustadt/Aisch
Genealogie (früher: **Familie und Volk**), c/o Verlag Degener & Co., Postfach 1340, 91403 Neustadt/Aisch
Hessische Familienkunde (siehe Hessische Familienkundliche Vereinigung, Familienkundliche Gesellschaft für Nassau und Frankfurt, Gesellschaft für Familienkunde in Kurhessen und Waldeck als gemeinsame Herausgeber)
Norddeutsche Familienkunde (siehe Die Maus/Gesellschaft für Familienforschung, Familienkundliche Kommission für Niedersachsen und Bremen, Niedersächsischer Landesverein für Familienkunde als gemeinsame Herausgeber)
Ostdeutsche Familienkunde (siehe Arbeitsgemeinschaft ostdeutscher Familienforscher als Mitherausgeber)

Wichtige Archive in der Bundesrepublik Deutschland, Luxemburg, Österreich, Polen, der Schweiz und den USA

Bundesrepublik Deutschland

Bischöfliches Diözesanarchiv, Klosterplatz 7, 52062 **Aachen**
Bischöfliches Ordinariatsarchiv, Kornhausgasse 5, 86152 **Augsburg**
Niedersächsisches Staatsarchiv, Oldersumer Str. 50, 26603 **Aurich/Ostfriesland**
Evangelisches Zentralarchiv, Jebenstr. 3, 10623 **Berlin**
Archiv des Bischöflichen Ordinariats des Bistums Berlin, Wundtstr. 48-50, 14057 **Berlin**
Gesamtarchiv der Deutschen Juden, Joachimstaler Str. 13, 13055 **Berlin**
Geheimes Staatsarchiv Preußischer Kulturbesitz, Archivstr. 12-14, 14195 **Berlin**
Landesarchiv, Kalckreuthstr. 1-2, 10777 **Berlin**
Archiv des Landeskirchenamtes der Evangelischen Kirche von Westfalen, Altstädter Kirchplatz 4, 33602 **Bielefeld**
Pressearchiv des Presse- und Informationsamtes der Bundesregierung, Welckerstr. 11, 55113 **Bonn**

ARCHIVE

Archiv der Braunschweigischen Evangelisch-Lutherischen Landeskirche, Alter Zeughof 1, 38100 **Braunschweig**
Staatsarchiv des Landes Bremen, Präsident-Kennedy-Platz 2, 28203 **Bremen**
Hessisches Staatsarchiv, Schloß, 64283 **Darmstadt**
Zentralarchiv der Evangelischen Kirche in Hessen und Nassau, Paulusplatz 1, 64285 **Darmstadt**
Staatsarchiv und Personenstandsarchiv, Willi-Hofmann-Str. 2, 32756 **Detmold**
Archiv der Lippischen Landeskirche, Leopoldstr. 27, 32756 **Detmold**
Staatsarchiv, Archivstr. 14, 01097 **Dresden**
Archiv der Evangelisch-Lutherischen Landeskirche Sachsen, Lukasstr. 6, 01069 **Dresden**
Hauptstaatsarchiv, Mauerstr. 55, 40476 **Düsseldorf**
Archiv der Evangelischen Kirche im Rheinland, Hans-Böckler-Str. 7, 40476 **Düsseldorf**
Diözesanarchiv, Luitpoldstr. 2, 85072 **Eichstätt**
Archiv des Landeskirchenrats der Evangelisch-Lutherischen Kirche in Thüringen, Dr.-Moritz-Mitzenheim-Str. 2a, 99817 **Eisenach**
Bistumsarchiv, Zwölfling 16, 45127 **Essen**
Archiv der Evangelisch-Lutherischen Landeskirche, Schloßstr. 13, 23701 **Eutin**
Bundesarchiv (Abteilung Militärarchiv), Wiesenthalstr. 1, 79115 **Freiburg**
Erzbischöfliches Archiv, Herrenstr. 35, 79098 **Freiburg**
Staatsarchiv Greifswald, Martin-Andersen-Nexö-Platz 1, 17489 **Greifswald**
Archiv der Freien und Hansestadt Hamburg, ABC-Str. 19a, 20354 **Hamburg**
Landeskirchliches Archiv, Grindelallee 7, 20146 **Hamburg**
Niedersächsisches Hauptstaatsarchiv, Planckstr. 2, 30169 **Hannover**
Landeskirchliches Archiv, Rote Reihe 6, 30169 **Hannover**
Archiv des Bischöflichen Generalvikariats, Pfaffenstieg 2, 31134 **Hildesheim**
Archiv des Instituts für Pfälzische Geschichte und Volkskunde, Benzinoring 6, 67657 **Kaiserslautern**
Badisches Generallandesarchiv, Nördliche Hildapromenade 2, 76133 **Karlsruhe**
Evangelisches Landeskirchenarchiv, Blumenstr. 1, 76133 **Karlsruhe**
Landeskirchliches Archiv, Heinrich-Wimmer-Str. 4, 34131 **Kassel-Wilhelmshöhe**
Archiv der Evangelisch-Lutherischen Landeskirche Schleswig-Holstein, Dänische Str. 27/35, 24103 **Kiel**
Bundesarchiv, Koblenz Kartause, Potsdamer Str. 1, 56075 **Koblenz**
Staatsarchiv des Landes Rheinland-Pfalz, Karmeliterstr. 1–3, 56068 **Koblenz**
Archiv des Erzbistums Köln, Gereonstr. 2–4, 50670 **Köln**
Archiv des Evangelisch-Reformierten Landeskirchenamtes, Saarstr. 6, 26789 **Leer/Ostfriesland**
Staatsarchiv (mit »Zentralstelle für Genealogie«), Georgi-Dimitroff-Platz 1, 04107 **Leipzig**
Diözesanarchiv, Roßmarkt 4, 65549 **Limburg**
Staatsarchiv, Hegelstr. 25, 39104 **Magdeburg**
Zentralarchiv für die Kirchenprovinz Sachsen, Am Dom 2, 39104 **Magdeburg**
Dom- und Diözesanarchiv, Grebenstr. 8, 55116 **Mainz**
Bayerisches Hauptstaatsarchiv, Postfach 200507, 80005 **München**
Erzbischöfliches Ordinariatsarchiv München und Freising, Maxburgerstr. 2, 80333 **München**

Staatsarchiv, Bohlweg 2, 48147 **Münster**
Bistumsarchiv, Georgskommende 19, 48143 **Münster**
Staatsarchiv, Archivstr. 17, 90408 **Nürnberg**
Landeskirchliches Archiv, Veilhofstr. 28, 90489 **Nürnberg**
Niedersächsisches Staatsarchiv in Oldenburg, Damm 43, 26135 **Oldenburg**
Archiv der Evangelisch-Lutherischen Kirche in Oldenburg, Huntestr. 14, 26135 **Oldenburg**
Niedersächsisches Staatsarchiv, Schloßstr. 29, 49074 **Osnabrück**
Archiv des Bischöflichen Generalvikariats, Hasestr. 40a, 49074 **Osnabrück**
Archiv des Erzbischöflichen Generalvikariats, Domplatz 3, 33098 **Paderborn**
Bischöfliches Ordinariatsarchiv, Residenzplatz 8, 94032 **Passau**
Außenstelle Potsdam des Bundesarchivs, An der Orangerie 5, 14469 **Potsdam**
Domarchiv, Am Domhof, 23909 **Ratzeburg**
Bischöfliches Zentralarchiv, St.-Petersweg 11, 93047 **Regensburg**
Diözesanarchiv, c/o Bischöfliches Ordinariat, 72108 **Rottenburg/Neckar**
Landesarchiv des Saarlandes, Scheidter Str. 114, 66123 **Saarbrücken**
Schleswig-Holsteinisches Landesarchiv, Schloß Gottorf, 24837 **Schleswig**
Staatsarchiv, Graf-Schack-Allee 2, 19053 **Schwerin**
Niedersächsisches Staatsarchiv in Stade, Am Sande 4c, 21682 **Stade**
Hauptstaatsarchiv, Konrad-Adenauer-Str. 4, 70173 **Stuttgart**
Landeskirchliches Archiv, Gänsheidestr. 4, 70184 **Stuttgart**
Bistumsarchiv, Jesuitenstr. 13b, 54290 **Trier**
Staatsarchiv, Marstallstr. 2, 99423 **Weimar**
Hessisches Hauptstaatsarchiv, Mosbacher Str. 55, 65187 **Wiesbaden**
Niedersächsisches Staatsarchiv, Forstweg 3, 38302 **Wolfenbüttel**
Staatsarchiv, Residenzplatz 2, 97070 **Würzburg**
Bischöfliches Ordinariatsarchiv, Domschulstr. 2, 97070 **Würzburg**

Luxemburg

Großherzogliches Staatsarchiv, plateau du Saint-Esprit, **Luxembourg**

Österreich

Vorarlberger Landesarchiv, Kirchstr. 28, A-6900 **Bregenz**
Burgenländisches Landesarchiv, Freiheitsplatz 1, A-7001 **Eisenstadt**
Steiermärkisches Landesarchiv, Bürgergasse 2a, A-8010 **Graz**
Diözesanarchiv, Bischofplatz 4, A-8010 **Graz-Seckau**
Tiroler Landesarchiv, Maria-Theresien-Str. 43, A-6010 **Innsbruck**
Kärtner Landesarchiv, Herrengasse 24, A-9010 **Klagenfurt**
Oberösterreichisches Landesarchiv, Promenade 33, A-4020 **Linz a. d. Donau**
Archiv des Bischöflichen Ordinariates, Herrenstr. 19, A-4020 **Linz a. d. Donau**
Salzburger Landesarchiv, Michael-Pacher-Str. 40, A-5020 **Salzburg**
Erzbischöfliches Konsistorialarchiv, Kapitelplatz 2, A-5020 **Salzburg**
Österreichisches Staatsarchiv, Direktion, Minoritenplatz 1, A-1010 **Wien**
Niederösterreichisches Landesarchiv, Herrengasse 11, A-1010 **Wien**

Archiv der Stadt und des Landes Wien, Felderstr. 1, A-1010 **Wien**
Archiv des Erzbischöflichen Ordinariats, Wollzeile 2, A-1010 **Wien**
Archiv des Evangelischen Oberkirchenrates in Wien, Schellinggasse 12, A-1010 **Wien**

Polen

Wojewodzkie Archiwum Panstwowe w Gdansku, ul. Waly Piastowskie 5, **Gdansk** (Wojewodschaftsarchiv Danzig)
Wojewodzkie Archiwum Panstwowe w Szczecinie, ul.sw. Wojciecha 13, **Szczecin** (Wojewodschaftsarchiv Stettin)
Archiwum Panstwowe Miasta Wroclawia i Wojewodztwa Wroclawskiego, ul. Pomorska 2, **Wroclaw** (Wojewodschaftsarchiv Breslau)
Erzbischöfliches Diözesanarchiv, ul. Kanonia, **Wroclaw**

Schweiz

Bundesarchiv, Archivstr. 24, CH-3003 **Bern**
Staatsarchiv des Kantons Bern, Falkenplatz 4, CH-3003 **Bern**
Staatsarchiv des Kantons Zürich, Predigerplatz 33, CH-8001 **Zürich**

USA

University Research Library, 405 Hilgard Ave., **Los Angeles,** California
Family History Library, 35 North West Temple Street, **Salt Lake City**, Utah

Unberücksichtigt mußten in dieser Aufstellung die zahlreichen kleinen und kleinsten Stadt- und Gemeindearchive sowie Privat- und Firmenarchive, Dekanats- und Pfarrarchive usw. bleiben.
Weitere Adressen von Archiven aus den ehemaligen deutschen Ostgebieten sind bei der Botschaft der Volksrepublik Polen, Kulturabteilung, Pferdmengesstr. 5, 50968 Köln oder der »Arbeitsgemeinschaft Ostdeutscher Familienforscher« zu erfragen. Die Staatsarchive der übrigen Schweizer Kantone können über das Bundesarchiv in Bern erfragt werden.
Das »Minerva-Handbuch der Archive« (2 Halbbände, Berlin 1974) ist für die Anschriften sowie für Informationen über die Hilfsmittel und Bestände der einzelnen Archive unerläßlich.